우리 아이 30일 자존감 노트

단단한 아이를 만드는 부모의 습관
우리 아이 30일 자존감 노트

초판 1쇄 인쇄 2017년 11월 23일
초판 1쇄 발행 2017년 11월 28일

지은이 조은혜

발행인 백유미
펴낸이 조영석

발행처 (주)니카
주소 서울시 서초구 효령로 34길 4, 프린스효령빌딩 5F

등록 2009년 12월 1일 제 385-2009-000044호
전화 070-7600-8230 **팩스** | 070-4754-2473

값 12,000**원**
ISBN 979-11-5532-321-2 (03370)

이 도서의 국립중앙도서관 출판시도서목록(CIP)은 서지정보유통지원시스템 홈페이지(http://seoi.nl.go.kr)와 국가자료공동목록시스템(http://www.nl.go.kr/kolisnet)에서 이용하실 수 있습니다.
(CIP제어번호 : CIP2017030277)

{ 우리 아이 30일 }
자존감 노트

단단한 아이를 만드는 부모의 습관

조은혜 지음

RAON BOOK

자존감은 타고나는 것이 아니라 성장하는 것이다

"선생님! 집에서 저희 아이는요. 애교도 아주 많고, 제 기분도 다 맞춰주고 곧잘 하는데, 학교에서 친구를 괴롭혔다고 전화가 오니 당황스러워요."

한 학부모의 전화였습니다. 이분뿐만 아니라 많은 부모가 궁금해하고 걱정하는 부분이기도 하지요. '집에서는 괜찮은 아이인데, 왜 밖에선 다를까?' 또 '작년까지는 내 말을 잘 따랐는데 올해는 왜 그러지 않을까?', '우리 애는 원래 이런 애가 아니었는데…….'

집이라는 울타리 안에서의 아이와 학교에서의 아이는 많이 다릅니다. 집에는 자신이 어떠한 행동이나 말을 하든 다 받아주는 가족이 있지만, 학교는 그렇지 않으니까요. 아이들은 작은 사회인 학교에서 다양한 상황과 사람을 맞닥뜨리며 민낯을 드러냅니다. 바로 이때 힘을 발휘하는 것이 '자존감'이지요.

저는 학교에서 아이들을 지켜보면서 자존감이 높은 아이와 낮은 아이가 학년이 올라갈수록 여러 면에서 차이를 보인다는 것을 발견했습니다.

자존감이 높은 아이는 학교에서의 상황을 통해서 많은 것을 배웁니다. 그저 시간표를 따라 공부하고 친구들이랑 노는 것이 아니라, 수업 시간에 모르는 것이 생기면 용기 내어 선생님에게 물어볼 힘을 키우고, 딴짓이 하고 싶을 때 다시 집중하는 방법을 스스로 터득하기도 합니다. 감정 제어가 되지 않는 상황에서 본인도 모르게 선생님께 예의 없게 대답했다가, 마음을 추스르고 다시 정중하게 말하는 방법을 배우기도 합니다. 또 친구들과 시간을 보낼 때 마음대로 행동하면 친구들이 싫어한다는 사실도 깨닫고, 내가 하고 싶은 것이 있더라도 친구들 의견에 따라주기도 하는 태도를 배우는 등 시행착오를 겪으며 무럭무럭 성장합니다. 이렇게 자란 아이들은 자기 삶을 주도적으로 이끌고 어떤 상황에서도 자신을 사랑하고 존중하는 마음을 잃지 않는 사람이 되지요. 당연히 성적도 좋을 수밖에 없습니다.

반면 자존감이 낮은 아이들은 이런 상황을 견뎌내고 돌파하는 힘이 부족합니다. 그래서 자신의 감정을 조절하지 못하니 내면도 성장하지 못하고 집에서 부모를 힘들게 하거나, 집에서는 잘하더라도 밖에서는 전혀 다른 모습을 보이기도 합니다. 또 학교에서 집으로 전화를 하게 만드는 악순환이 발생하지요. 문제는 이 '자존감'을 어릴 때 길러주지 않으면, 그 기회를 다시 만들기가 쉽지 않다는 것입니다. 즉 어릴 때 키워준 마음의 힘이 평생을 간다는 뜻이지요.

그렇다면 이 자존감은 어떻게 키워줄 수 있을까요? 부모들은 자존감의 중요성도 알고 높여야 한다는 사실도 알지만, 방법을 모르겠다며 상담을 해오곤 합니다. 자존감이란 말 그대로 스스로를 존중하고 사랑하는 마음이니 집에서 사랑을 주고 칭찬을 해주고 있는데 무엇을 더 해야 하느냐면서 말이지요.

저는 학교에서 아이들을 가르치면서 큰 사건뿐 아니라 사소해 보이는 일상의 상황, 즉 아이들의 진짜 생활의 순간들이 모여서 아이의 자존감을 키워준다는 사실을 깨달았습니다. 이러한 순간들이 모여 공부 실력과 인성, 또 생활 태도를 형성한다는 것을 알게 되었지요. 그리고 이것이 결국 아이의 마음속에 '자존감'이라는 것으로 남는다는 것도 말입니다. 하지만 그 순간이라는 것이 워낙 사소하다 보니 매번 부모님께 전화를 드리기는 현실적으로 쉽지가 않습니다.

그래서 이 책을 쓰기로 결심했습니다. 부모님이 알고 있으면 아이의 성장에 더욱 도움이 될, 사소해 보이지만 사실은 시험 성적이나 더 나아가 미래의 생존력이 될 습관들을 알려주기 위해서 말이지요. 읽어보시면 아시겠지만 자존감을 키우는 습관에는 까다로운 절차도 준비물도 필요 없습니다. 그저 아이에게 건네는 말을 신경 쓰고, 아이의 감정을 파악하고, 많이 안아주는 간단한 노력만으로 우리 아이는 단단하게 자라납니다.

친구들하고 잘 어울리고 선생님 말씀도 잘 듣고 공부도 잘하는 우리 딸. 그런데 언젠가부터 친구들과 사이가 좋지 않은 것 같은 느낌이 들 때, 학교생활은 어떨까요?

작은 게임에도 목숨을 걸어서 어느 정도 승부욕이 센 아이 정도라고만 생각했는데 학교에서 친구를 괴롭혔다고 연락이 오는 우리 아들. 대체 왜 그런 일이 생긴 것일까요?

몇 년 전까지만 해도 우리 아이와 항상 같이 놀고 학업 수준도 비슷하던 단짝 아이는 어느새 저만치 앞서가고 우리 아이는 제자리 걸음. 불과 몇 년 사이에 왜 이렇게 달라진 것일까요? 어떤 차이가 이렇게 다른 결과를 만든 것일까요?

아니, 우리 아이를 위해서 대체 어떻게 해야 하는 것일까요?

이 책에는 이와 관련된 이야기들이 들어 있습니다. 단지 이론에 그치지 않고 학교에서 제가 만난 아이들의 진짜 모습을 담았습니다. 그 생생한 상황에서 아이들을 대하는 법과 그것을 통해 아이의 자존감을 키워주는 습관을 차근차근 소개해드릴 것입니다.

또한 이 책은 저 자신에게 하는 다짐이기도 합니다. 아이들이 유난히 말썽을 많이 피우는 날, 욱하는 마음에 소리 한번 꽥 지르고 "앉아서 조용히 하고 책 읽자"라고 말하고 싶은 마음이 불쑥 튀어나올 때 한 번 더 돌아보고 싶은 이야기입니다.

일단 부모님께서 처음으로 해야 할 일은 가벼운 마음을 갖는 것입니다. 여기까지 읽었다면 우리 아이가 가져야 할 '마음의 힘'에 관심을 갖고 또 그것을 키워야 한다는 생각과 실천하려는 의지를 품은 것이니 그것으로 첫 단추는 끼운 셈입니다. 저와 함께 하나하나

이해하고 알아간다면, 어떤 환경과 조건에서도 생존하는 당당한 아이로 자라도록 도울 수 있을 것입니다.

부디 저의 작은 생각들이 아이를 위해서 오늘도 최선을 다하고 계신 부모님께 조금이나마 도움이 되기를 간절히 기원합니다.

조은혜

목 차

2장 자존감은 성적순이 아니잖아요

3장 단단한 아이로 만드는 부모의 행동

4장 자존감이 바로 서야 공부머리가 성장한다

5장 오늘부터 실천하는 우리 아이 자존감 연습

1장

01

아이의 마음은 부모의 그릇만큼 성장한다

더 이상 부모를 존경하지 않는 아이

자존이야말로 모든 미덕의 초석이다.
– 존 허셜(John Herschel)

학교에서 아이들이 시험을 보면 교사들은 가정에 성적을 알립니다. 학기 말이 되면 집으로 보내는 성적표가 대표적입니다. 어른들에게 익숙한 객관식 문제에 대한 결과만 있는 것이 아니라, 실제로 글을 쓰거나 리코더를 연주하거나 그림을 그리고 만들기를 하는 것을 평가하는 항목도 포함됩니다. 이 평가는 4단계나 3단계, 예를 들면 '매우 잘함, 잘함, 보통, 노력 요함'처럼 결과가 나옵니다. 이렇게 성적표에 기재되는 항목 외에도 성취도 점검이 필요하다고 생각되면, 100점 만점으로 점수가 나오는 시험을 보아 부모님께 아이들의 중간 성취 정도를 알리기도 합니다.

수학 시험을 보고 알림장에 점수를 적어 집으로 보낸 어느 날 일입니다. 퇴근을 하고 집에 돌아가는 길에 한 학부모님께 전화를 한 통 받았습니다.

"선생님, 방금 알림장에서 아이 성적을 봤어요. 제가 너무 속상해서요. 우리 애가 머리는 좋고 학원 같은 데서 시키면 곧잘 하는 것 같은데, 스스로는 당최 공부를 안 해요. 좋다는 거 다 시켜봤는데 노력을 안 해요, 노력을. 시험을 보면 90점이 잘 안 넘어요. 100점 가까이 받을 실력인 것 같은데. 제 말은 들은 체도 안 하고, 대화를 해야 한다고 해서 앉혀놓고 왜 공부를 안 하느냐 물어봐도 모른다고만 해요. 선생님이 우리 애랑 이야기 좀 해주세요."

학교에서의 모습을 보아도 6학년 또래 남자아이들보다 조금 더 의젓하고 이해력도 높으며 차분하게 앉아서 집중하는 시간이 긴 편인 아이였습니다. 어머니도 교육에 대한 관심이 높아서 아이가 부족하게 크지 않도록 도와주셨고 아버지의 경제적 지원도 아낌없는 편인 것 같았습니다.

다음 날 방과 후에 아이를 불러서 이야기를 했습니다. 분명 어제 어머니께 한 소리 들었을 테니 공부 이야기부터 하지 않고 학교 이야기, 친구들 이야기, 게임 이야기, 관심 있는 여자 친구 이야기까지 하니 한 시간을 훌쩍 넘겼습니다. 그때 먼저 아이가 입을 엽니다.

"선생님, 근데 저 선생님이 왜 불렀는지 알아요. 어제 엄마가 저 공부 좀 시키라고 전화했잖아요."

그제야 어제 엄마랑 무슨 이야기를 했는지 물어보았습니다.

"이야기를 한 게 아니죠. 들은 거예요, 일방적으로. 공부를 잘해서 좋은 대학 가고, 그래야 좋은 직장 얻어서 돈 많이 벌고 힘들지 않게 산다고. 다 나를 위해서 하는 말이라고."

또 그 이야기에 대해서 어떻게 생각하는지도 물어보았습니다.

"사실, 저도 말은 이해를 하거든요? 공부 잘해야 좋은 대학 가죠. 저도 이상한 대학 가고 싶지는 않아요. 6학년이니까 중학교 가려면 공부 좀 할 때가 됐다는 것도 알고요. 사실 저는 공부가 막 어렵지도 않아요. 하면 잘되기는 해요."

아이가 저 정도 생각하고 있는 것도 놀랍다 싶은 순간, 이어지는 아이의 말에 저는 뒤통수를 한 대 맞은 기분이었습니다.

"그런데요, 선생님. 저희 아빠가 좋은 대학 나와서 좋은 직장 다니거든요. 그런데 거의 매일 아침 일찍 나가서 밤늦게 들어와요. 조금 일찍 들어오는 날이나 주말에는 엄마가 차려주는 밥 먹고 텔레비전 리모컨 들고 소파에 눕고요. 그러면 아빠가 보고 싶은 것만 봐야 해요. 어떤 때는 거의 술 먹고 새벽에 와서 혀 꼬인 소리로 이상한 말 하고……. 좋은 직장 다녀도 저렇게 살잖아요. 공부 잘해서 좋은 직업 가져도 우리 아빠처럼 살 것 같은데. 그러니까 꼭 공부할 필요는 없는 것 같은데요."

그리고 마지막에 한마디 덧붙입니다.

"우리 엄마한텐 절대 말하지 마세요."

정말 충격적이었습니다. 6학년 아이가 이렇게까지 생각하고 있다는 것이 참 놀라웠기 때문입니다. 이 아이의 엄마도 교사인 저도 아이가 스스로 공부하지 않는 데 이런 이유가 있다고는 예상조차 하지 못했습니다.

아이가 세상을 바라보는 태도는 부모님을 보고 배운다

아이들은 부모님 태도를 관찰하면서 자기 삶에 대한 태도를 배우고 결정합니다. 아이라서 아직 잘 모를 거라고 생각하기 쉽지만 초등학교 고학년 정도 되면 그 정도는 스스로 판단합니다. 그나마 어렸을 때에는 어느 정도 혼내면서 통제도 하고, 갖고 싶어 하던 장난감이나 맛있는 음식을 사준다고 회유하기도 하면 조금 따르는가 싶습니다. 그러나 아이가 자기만의 생각을 가지고 엄마 눈을 피할 수 있는 나이가 되면 달라집니다. 열심히 해라, 공부든 뭐든 최선을 다해야 되는 거다, 다 너를 위해서 하는 말이다, 이런 말들이 잘 먹히지 않습니다. 아이에게는 그저 일방적이고 듣기 싫은 잔소리일 뿐이지요.

아이가 인생을 살아가면서 실패하더라도 다시 한 번 해보고 부족한 점이 있으면 보완하려는 태도, 열심히 살아봐야겠다고 생각하는 태도 같은 것들은 잔소리로 가르칠 수 있는 것이 아닙니다. 이 아이의 아버지가 퇴근 후 아주 짧은 시간이라도 가족과 대화하는 시간을 가졌다면 아이의 생각이 이렇게 자리 잡았을까요? 주말에는 아이와 함께 시간을 보낸다거나 책상 앞에 잠시나마 함께 앉아 있었어도 이랬을까요? 아이가 받아온 90점짜리 점수를 어머니가 학원이나 학습지로 빨리 해결하려고 하기에 앞서, 아이의 마음부터 헤아려보려고 노력했다면 어땠을까요? 공부뿐 아니라 세상을 바라보는 아이의 시각은 부모님의 태도를 보고 배우며 완성되는 것입니다.

이해할 수 없는 엄마, 대화하지 않는 아이

나에 대한 자신감을 잃으면 온 세상이 나의 적이 된다.
– 랠프 월도 에머슨(Ralph Waldo Emerson)

"선생님, 저 상담 좀 하고 싶은데요……." 6학년 연경이는 말을 더 잇지 못하고 고개를 떨어뜨렸습니다. 한참을 망설이던 연경이는 긴 시간이 지난 후에야 입을 열었습니다. 이야기를 들어보니, 몇 달 전 학원 반 편성 고사에서 생각보다 성적이 잘 나와 A반에 들어갔다고 합니다. 꾸준히 노력하던 아이라 시험 성적이 잘 나왔을 때의 기쁨이 정말 컸을 것 같았습니다. 그런데 그 기쁨을 누릴 새도 없이 친구 사이에 문제가 생기고 말았다고 합니다. 연경이를 제외하면 거의 다 다른 학교 아이들로 구성된 A반에서는 은근히 소외되는 기분이 들고, B반에 있던 원래 친구들은 연경이가 잘난 척하는 것 같다며 소외시킨다는 것입니다.

억울해진 연경이는 오해를 풀고 싶은 마음에 고민하다가 용기를 내어 대화를 시도했다고 합니다. B반 친구들에게 "잘난 척하지 않았어"라고 말해보았지만 친구들은 더 눈을 흘길 뿐이었고, A반 친구들과 잘 지내보려고 다가가도 이미 친해져 있는 집단에 끼는 것이 쉽지 않다며 펑펑 웁니다.

몇 달을 마음고생하면서 견뎠을 연경이에게 어떻게 하고 싶으냐고 물어보니, 규모는 작지만 친한 친구들이 많은 학원으로 옮기거나 마음이 괜찮아질 때까지 학원을 잠깐 쉬고 싶다고 했습니다. 모르는 문제가 있으면 학교에 가져와 물어봐도 되느냐며 스스로 공부할 계획과 대책까지 세워두었습니다. 제가 보기에는 성적도 좋고 충분히 혼자서 공부할 능력이 있는 아이였습니다. 더구나 친구와 잘 지내는 것도 중요하게 생각하는 성향이 있기 때문에 나쁘지 않은 방법이라고 생각했습니다.

"그러면 엄마한테 그렇게 하고 싶다고 말씀드려보았니?"

제 말을 들은 연경이는 눈물을 흘리다가 입을 엽니다.

"엄마한테는 말을 못 하겠어요……."

몇 달을 고민한 문제인데 엄마한테 말을 못 할 정도라니. 연경이는 "말해봤자 그런 건 참아야 된다고 말할 건데요, 뭘" 하고 말끝을 흐립니다.

아이가 "나 오늘 학원 가기 싫어"라고 말할 때 어떤 생각이 가장 먼저 떠오르시나요? 우리 아이만은 열심히 노력해 공부를 잘해서 나보다 더 좋은 환경에서 살게 해주고 싶은데, 그래서 공부를 하라는 것인데 아이는 그 뜻에 따라주지 않는다고 느껴질 수도 있습니다. 저도 학급 아이들이 공부하기 싫다고 말할 때 그런 마음이 들 때가 있습니다. "어떤 모습의 사람이 되고 싶은지 생각해보렴. 공부는 그런 사람이 될 수 있는 중요한 과정이고……" 하면서 일장 연설을 하게 될 때가 있습니다.

그런데 아이 말뜻은 어머니가 생각하는 그런 의미가 아닐지도 모릅니다. 학원에 자신을 괴롭히는 친구가 있을 수도 있고 선생님에게 전날 크게 혼이 났을 수도 있습니다. 복잡한 상황을 미처 설명하지 못하고 아이 입 밖으로 나온 말이 "학원 가기 싫어"일 뿐이지 사실은 "나 엄마랑 이야기하고 싶어요. 도움이 필요해요. 엄마와의 시간이 필요해요"라는 뜻일 수도 있는 것입니다.

또는 학원이나 학교 등에서 큰 사건이 있는 것은 아니지만 엄마한테 응원을 받고 싶은 마음에 꺼낸 말일 수도 있습니다. "요즘 학원 가느라 힘들었구나? 시험이 많아서 부담이 클 수도 있을 텐데 엄마는 노력하는 네가 참 장하다"라는 말이 듣고 싶었을 수도 있지요.

공부에 대해서만 그런 것이 아닙니다.

학교에서 친구와 다툰 날에는 괜히 억울하고, 선생님께 꾸중을 들은 날에는 엄마의 따뜻한 위로가 더더욱 필요합니다. 친구와 싸운 이야기를 엄마한테 꼭 할 필요는 없지만 내 편인 엄마에게 용기를 내어 말을 꺼냅니다. "엄마, 나 오늘 찬이랑 싸웠어" 하면 "왜 싸웠어? 아니, 왜 친구랑 싸우고 그래? 엄마가 친구랑 사이좋게 지내라고 했잖아"라는 대답을 들으면 엄마까지 자신을 다그친다는 생각이 듭니다.

"엄마, 나 선생님한테 혼났어."

"그러니까 엄마가 숙제 미리 해 가라 그랬잖아."

"엄마, 나 오늘 학원 안 가면 안 돼?"

"또 그 소리 한다. 왜, 도대체 왜 그러는 건데. 네가 다니고 싶다고 해서 보내준 거잖아. 학원에 갔다 와야 컴퓨터 게임 시켜주는 거 알지?"

이런 대화가 계속될수록 아이들은 점점 마음의 문을 닫기 시작합니다.

말해봤자 잔소리만 듣게 되니 시간이 지날수록 부모님과 이야기를 하지 않으려고 합니다. 숨기는 것도 점점 많아집니다. 어른들은 올바르게 성장해 바른 생활을 하는 아이로 키우고 싶어서 아이를 통제하고 가르치지만 반대의 결과가 나올 수 있습니다. 이성 교제도 몰래, PC방도 몰래, 부모님이 안 보이는 곳으로 숨어 들어갑니다. 그리고 문제가 생기면 "엄마랑 대화 좀 하자. 아니, 왜 그걸 엄마한테 여태 말을 안 했어? 왜 입을 꾹 다물고 있어?"라고 다그칩니다. 하지만 때는 이미 늦었습니다.

아이들이 하는 핸드폰 게임은 초등학생 어머니들의 큰 고민 중

하나일 것입니다. 분명 오늘 해야 할 공부가 남아 있을 텐데 시간 가는 줄 모르고 게임만 붙잡고 있을뿐더러 엄마 말은 듣는 둥 마는 둥 합니다. 속 터지는 마음을 겨우 누르고 시간을 정하는 것이 좋을 것 같아 아이를 불러다 앉힙니다. "자, 오늘부터 핸드폰 게임은 하루에 한 시간이다."

물론 시간을 정해주는 것이 나쁘다는 것은 아닙니다. 효율적으로 핸드폰을 사용할 수 있도록 도와주는 것은 꼭 필요하지요. 그런데 문제는 부모님들이 아이들 마음을 헤아려주지 않고, 해야 하는 것만을 가르칠 때 생깁니다.

아이를 이해해줘야 대화가 사라지지 않는다

공들인 게임에서 레벨 업이 될 때 느껴지는 묘한 희열, 학교에서 게임 등수가 제일 높아 친구들이 부러워할 때의 뿌듯함과 왠지 모를 우월감, 게임 서버에서 친구들끼리 팀을 짜 어울려서 승리했을 때 느껴지는 기쁨, 이 모두가 요즘 아이들의 문화입니다.

이런 아이들의 생활을 이해해주지 않고 시간만 정해줄 때 부모님이 생각지도 못한 일이 일어납니다.

게임은 시간을 투자해야 레벨이 올라가는데, 엄마는 그것도 모르고 한 시간으로 제한을 했으니 마음이 초조해집니다. 게임 서버에서 친구들끼리 만나서 같이 게임하는 것이 부럽기도 하고 소외감마저 듭니다. 게다가 레벨이 떨어지거나 친구들에게 뒤처지기라도 하면 친구들 사이에서 체면이 말이 아닙니다. 게임할 때만 스트레스가 풀리는 것 같은데 그것도 이제 안 됩니다.

그러면 아이는 다른 방법을 생각해냅니다. 아침에 집에서 나와 학교 가는 길에 와이파이가 잡히는 건물을 파악합니다. 그리고 아침마다 어두운 건물 안 지하로 내려가는 쪽에 서서 한동안 게임을 하다가 학교에는 아슬아슬하게 도착합니다. 이렇게 등굣길과 하굣길에 게임을 하는 아이들이 실제로 있습니다.

친구 같은 엄마와 아빠는 다른 것이 아닙니다. 아이를 예의 없게 키우는 것은 친구 같은 부모님이 아닙니다. 아이가 생활하다가 무슨 일이 생기면 '어, 우리 엄마랑 이야기해서 해결을 좀 해봐야겠다', '아, 나 요즘 수학에서 이번 단원이 좀 어려워서 불안한데 아빠한테 어렵다고 말하고 의논해봐야겠다'라는 생각이 들게 해주는 부모님이야말로 친구 같은 부모님이라는 생각이 듭니다.

어릴 때에는 '마음을 읽어주고 공감해주는 건 조금 이르지 않나, 그런 건 사춘기 때 필요할 것 같은데' 하면서 잔소리나 회초리로 통제하다가 사춘기 때 갑자기 대화를 해보려고 하면 통하지 않습니다. 어릴 때부터 꾸준히 우리 아이의 마음을 알아주어야 가능합니다. 그래야만 '우리 엄마 아빠는 나의 마음과 생각을 나눌 수 있는 든든한 사람'이라는 생각이 아이에게 깊이 스며들기 때문입니다.

자기 공부에도 보상을 요구하는 아이들

모두에게 정말 필요한 것은, 어떤 일을 하고 어떤 사람이 되는가의 문제이지
어떤 물건이나 조건을 갖추는 것이 아니다.
– 헨리 데이비드 소로(Henry David Thoreau)

교사가 되고 나서, 그전에 교육대학교에서 배우고 임용고시를 공부할 때에는 상상조차 할 수 없었던 아이들 모습에 당황한 경험이 몇 번 있었습니다. 저를 움찔하게 했던 대표적인 순간은 바로 이 질문을 받았을 때입니다.

"선생님 이거 다 하면 뭐 줘요?"

우리 아이들은 보상이라는 것에 참 익숙해져 있습니다. 보상 자체가 나쁜 것은 아닙니다. 사람으로 하여금 어떠한 행동을 하게 하는 여러 가지 요인 중 하나입니다. "이거 빨리 다 하면 사탕 줄게", "학습지 매일 하면 일주일에 얼마를 줄게" 하는 것들입니다.

어린아이들뿐만 아니라 어른들도 그 종류가 초콜릿이나 칭찬

스티커가 아니어서 그렇지, 주어지는 보상에 따라 행동하고 새로운 것을 배우는 경우도 많습니다.

노력해서 무언가를 끝냈을 때 좋은 것이 따라오면 그 행동을 하려고 하고, 또 지속할 수 있습니다. 심리학에서는 그 좋은 것을 '보상'이라고 하고, 보상이 있어서 행동을 계속하게 되는 것을 '강화'라고 합니다. 아이들이 공부를 잘했으면 좋겠다는 마음으로 부모님과 교사는 아이들을 위해 '보상'을 제공합니다. 시험을 잘 보는 행동이 '강화'되기를 바라면서요. 시험을 잘 보면 갖고 싶어 하던 장난감을 사주고 용돈을 주고 핸드폰을 바꾸어줍니다.

숙제를 해 올 때마다 교사들은 칭찬 스티커를 붙여줍니다. 칭찬 스티커가 모이면 간식이나 학용품 선물 등을 받을 수도 있습니다. 또 보상의 종류에는 칭찬도 있습니다. 아이가 시험을 잘 보고 집에 가면 "친구들보다 훨씬 똑똑하네. 어휴, 친구들이 부러워하겠네. 우리 혜영이 최고네!" 같은 말을 들을 수 있습니다. 내가 친구들보다 잘하고 있는 것 같고, 내가 친구보다 잘하니 엄마가 기뻐합니다. 이 달콤한 유혹에 아이들은 노력을 하지 않을 수 없습니다.

외적 보상은 부작용을 낳는다

용돈과 장난감, 결과만을 칭찬하는 것과 같은 '외적 보상'은 배움 자체와 관계없이 다른 사람에 의해 주어지는 것입니다. 이 외적 보상이 아주 나쁜 것은 아닙니다. 아이들이 무언가를 노력해서 해내면 좋은 성과가 따라온다는 것을 깨닫는 것은 좋습니다. 그런데 위험한 것은 '외적 보상'에 익숙해지고 길들여지는 일입니다.

저학년 때까지는 아이들이 느끼기에도 학습이 크게 어렵지 않고, 작은 보상에도 기뻐합니다. 열심히 덧셈을 배워서 계산을 하면 초콜릿 한 조각을 받고, 선생님이 지나가다가 머리라도 한번 쓰다듬어주는 날에는 아이의 눈이 반짝거립니다. 그런데 아이들이 자랄수록 시험은 많아지고 공부는 어렵게 느껴집니다. 부모님의 잔소리로는 더 이상 통제가 되지 않고, 그렇게 많이 공부했는데 초콜릿 한 조각을 받는 것은 시시하게 느낍니다. 그때부터는 외적 보상의 수위가 높아져야 행동에 옮깁니다. 과자 한 봉지로는 움직이지 않는 것이지요. 100점 받으면 만 원, 상장도 만 원, 수행평가 '매우 잘함'은 5천 원, 올백이면 핸드폰 신상으로 바꾸어주기, 이런 것입니다.

이렇게 점점 커지는 외적 보상에 길들여진 아이들이 고학년이 되었을 때 교실에서 눈에 띄게 보이는 문제들이 있습니다.

첫째, 아이로니컬하게도 외적 보상이 아이들로 하여금 시험을 대충 보게 만드는 경우를 자주 보았습니다. 집에 가져가는 성적표에는 '매우 잘함'이 적혀 있고 시험지는 100점이지만, 실제 생활에서는 다른 모습을 보이는 아이들이 있습니다. 보통 성적표에 기재되어 나가는 평가 계획은 학기 초 가정통신문으로 공지가 됩니다. 때문에 아이들이 고학년쯤 되면, 어떤 단원이 수행평가 점수에 반영

되고 어떤 단원이 안 되는지 알고 있습니다. 그러면 성적표에 나오는 단원에 아이들은 더욱 신경을 쓰기 시작합니다.

물론 노력하는 아이들이 시험에 더욱 집중하고 신경 쓰는 것을 나쁘다고 말하는 것이 아닙니다. 문제는 보상에 길들여진 아이들이 성적표에 적히는 '매우 잘함'과 시험지 100점에만 집착하고 평소에는 100점짜리가 전혀 아니라는 사실입니다.

글쓰기 활동을 하거나 학습지를 푸는 등 중요하다고 느껴지는 것을 할 때마다 "선생님 이거 성적표에 들어가요?", "선생님, 이거 집에 보내요?"라고 많이 물어봅니다. 성적표에 반영되지 않는다는 것이 확인되면 "아싸, 이번 거는 대충 해야지" 합니다. 일단 성적표에 나오지 않고, 그렇다면 아이의 기준에서는 중요하지 않으니 학습의 필요성을 느끼지 못합니다. "상품은 없지만 조금이라도 해보자"가 아니라, 오히려 그 반대로 "아무것도 없으니 열심히 안 해야지"가 되는 것입니다. 그러고는 정말로 대충 합니다.

둘째, 외적 보상이 없는 활동은 시시하게 여겨 열심히 하지 않게 됩니다. 어느 날 수학 시간에 혼합계산을 배우고 나서 수학 보드게임을 했습니다. 그 칸에 적힌 수학 문제를 풀어서 맞히면 자기 땅이 되고 목표 지점까지 가는 활동입니다. 어차피 번갈아 가면서 하는 것이기에 이기고 지고는 큰 의미가 없습니다. 하지만 작은 경쟁이라도 승부라는 요소가 있으니 아이들은 재미있게 활동합니다. 더욱이 친구가 맞혔는지 보려면 자기도 풀어봐야 답인지 아닌지 알 수 있기 때문에 계산을 연습하기에도 좋습니다.

고학년 정도 되면 수학 문제가 풀리는 그 자체에서 희열을 느끼는 아이들이 몇 명씩 보입니다. 그러면 친구와 같이 문제를 풀고, 둘이서 해결한 답이 서로 다르면 교사한테 어디가 잘못됐는지 질문하고 다시 시도해보고, 잘 해결되면 기뻐합니다. 이 과정에서 본인보다 못하거나 또는 더 잘하는 친구와 발맞추어 나가는 방법도 배우고, 아이 자신도 모르는 사이에 수학 실력이 쑥쑥 늘어납니다.

그런데 보상에 길들여진 아이 중에는 꼭 시작하기 전에 이렇게 물어보는 아이들이 있습니다. "이기면 뭐 줘요?" 그 질문에 "상품이 걸려 있는 게임이 아니야"라고 하면 시시해하며 대충 하거나 뚱하게 앉아 있기도 합니다. 참여하지 않는다고 혼나기는 싫고, 짝이 열심히 하든 말든 상관없습니다. 끝내거나 이겨도 원하는 보상이 없기 때문입니다. 그러면 짝도 덩달아 시시해져 다른 팀에 끼어 게임을 합니다. 친구들이 재미있게 게임을 하면서 연산 연습을 하고 있을 때, 그 아이는 아무것도 하지 않습니다.

성적표에 나오고 선물을 받을 수 있는 시험만 열심히 하고, 다른 시험이나 공부는 대충 하는 것이 아이의 습관으로 자리 잡습니다. 이 모습이 부모님들이 원하는 우리 아이의 태도는 아닐 것입니다.

우리가 노력한다고 해서 즉각적으로 아주 흡족하고 만족할 만한 보상이 나오는 일은 많지 않습니다. 삶 속 인간관계나 직업에서의 문제 등은 물론, 중 · 고등학교나 대학교에서의 학습은 말할 것도 없고 초등학교 고학년 공부만 되어도 마찬가지입니다. 60점을 받았다가 잠깐 공부한다고 해서 갑자기 100점이 되는 일은 흔하지 않습니다.

스스로 노력하고 그 결과가 나올 때까지는 어느 정도 시간이 지나야 합니다. 그 시간을 견디는 힘을 아이들이 자라는 과정에서 길러주어야 합니다. 즉각적으로 주어지는 상품이나 용돈 같은 외적 보상에 길들여진 아이들은 노력해보다가도 빨리 결과물이나 보상이 나오지 않으면 쉽게 포기하고 좌절하게 될 수 있습니다.

노력하고 견디는 힘은 내적 보상에서 나온다

아이들이 스스로 노력하고 힘든 일도 견뎌낼 수 있는 힘을 길러주는 방법이 있습니다. '해냈다', '노력해서 성장했다', '공부를 좀 해보니 내가 새로운 걸 알게 된 것 같네', '귀찮아도 운동을 좀 하니 건강해진 느낌이네' 하는 기쁨과 보람을 느끼는 것입니다. 이것이 '내적 보상'입니다. 보상과 칭찬의 포인트는 얼마나 비싼 것인지, 얼마나 아빠와 엄마가 호들갑을 떨면서 칭찬을 해주는지가 아니라 아이가 '아, 나 조금 성장했구나. 힘이 생겼구나' 하는 것을 스스로 깨닫게 해주는 것입니다.

내적 보상이 훨씬 좋은 것은 이론적으로 이해할 수 있지만 그렇다고 해서 갑자기 상품을 끊을 수도 없는 일입니다. 갖고 싶었던 것을 가질 수 있기 때문에 발휘하는 아이들의 잠재력도 굉장히 크기 때문에 완전히 무시할 수는 없습니다. 방법이 있습니다. 바로, 점점 외적 보상에서 내적 보상으로 마음이 옮겨갈 수 있도록 하는 것입니다. 더 구체적으로 설명하자면, 부모님이 외적 보상에 내적 보상을 연결시켜주는 것입니다.

예를 들면 이렇습니다. 학교에서 수영 수업을 하는데, 한 아이가 옷을 갈아입을 때부터 표정이 어두웠습니다. 수영은 배운 적이 없어서 무섭다는 것입니다. 안 하고 싶다고 고집을 피우며 우는 것을 달래면 겨우겨우 수영장에 들어가는 아이였습니다. 그래도 물속에는 들어가볼 시도조차 하지 않았습니다. 어느 날 수업에서 어쩌다 그 아이가 15분이나 물속에 있었습니다.

그럴 때 외적 보상인 과자를 주더라도 "15분 있었으니까 과자 줄게"가 아니라 "오늘 조금 더 물에 있으려고 노력했네. 시간이 생각보다 길다. 네가 좀 더 노력해서 그렇게 된 거니? 노력의 기념으로 과자 쏜다!"와 같이 외적 보상과 내적 보상을 연결하여 외적 보상에만 치우치지 않게 할 수 있습니다.

두 달 뒤 그 아이는 과자 없이도 한 시간이 넘는 수영 시간을 꼬박 물속에서 보냈습니다. "이번에 수영 30분 견디면 교실 가서 과자 줄게", "한 시간 견디면 과자 더 많이 줄게" 하고 말했더라면 과자가 없는 다음 수영 수업에서는 "수영 안 해요!"라고 말했을 것입니다.

수영 수업 시간을 다 채운 그날, 샤워를 하러 가기도 전에 아이가 저에게 달려와 발그레한 얼굴로 말했습니다. "선생님, 저 수영 실력 정말 많이 늘었지요? 노력했어요!"라고 말입니다.

이렇게 점점 자신이 발전하고, 더 멋있는 사람이 되어가고 있다는 느낌이 아이의 생활 태도를 결정하는 중요한 요인이 됩니다.

경쟁해서 이겨도 얻을 수 없는 가치, 자존감

당신이 동의하지 않는 한, 이 세상 누구도 당신이 열등하다고 느끼게 할 수 없다.
– 엘리너 루스벨트(Eleanor Roosevelt)

아이들과 매일 시간을 보내다 보면 우리 초등학생 아이들에게 승부욕은 강력한 무기라는 생각이 듭니다. 단지 수학 익힘책을 1등으로 검사받고 싶다는 마음 하나로 엄청난 집중력을 발휘하기 때문입니다. 또 줄넘기를 할 때면, 우리 반에서 가장 많은 개수를 달성하기 위해 아침마다 다른 친구들보다 20분씩 일찍 와서 연습을 합니다. 자신에게 주어진 일에 최선을 다하고, 어려운 상황을 스스로 극복하기 위해 고민하여 방법을 생각해내는 등 승부욕은 아이의 발전에 긍정적인 동기로 작용합니다.

문제는 이 경쟁심이 아주 심한 경우입니다. 이기는 것을 좋아하는 것에서 그치는 것이 아니라 지는 것을 전혀 못 견디고 매우 괴로워하는 모습을 보입니다.

꿀맛 같은 쉬는 시간, 아이들이 삼삼오오 모여서 보드게임도 하고 그림도 그리고 이야기꽃도 피웁니다. 갑자기 교실 한쪽에서 "으악!" 하는 소리가 들립니다. 알고 보니 팀을 짜서 재미있게 놀다가 한 아이가 질 것 같다는 생각이 드니 보드게임 판을 완전히 엎어버린 것이었습니다.

승부욕이 지나치게 많은 아이들은 게임을 하거나 놀이를 하던 도중 사나운 눈빛으로 변해 규칙을 마음대로 바꾸려고 듭니다. 아니면 상대방에게 트집을 잡아 반칙을 했다고 우기거나 '원래는 잘하지만 오늘만 잘 안 되는 이유'를 구구절절 설명하기도 합니다. 다른 친구들이 "맞아, 원래는 네가 제일 잘하지"라는 반응을 보일 때까지요. 공격성으로 표출하지 않는 아이들은 뒤에서 이긴 친구나 더 잘난 친구에 대한 험담을 하기도 합니다.

이런 태도 때문에 다른 친구들과 종종 다투게 되고, 다투는 상황까지는 가지 않더라도 친구들이 함께 지내고 싶어 하지 않게 됩니다.

놀이에서도 공부에서도 매번 다른 친구들을 이길 수는 없으니 그 '우월감'이라는 것을 느끼기 위해 거짓말을 하거나 아이들이 흔히 말하는 '잘난 척'을 하는 경우도 있습니다.

"다음 달에 우리 집 이사 가는데, 화장실이 세 개고 거의 70평이다? 너희 집은 화장실 몇 개야?"

"이번에 우리 아빠 부장으로 승진하는데, 너네 아빠는?"

초등학생 입에서 나오는 말이라고 믿고 싶지 않지만, 사실입니다.

한두 번은 우리 아이가 부모님을 자랑스러워하는 편이라고 생각할 수 있습니다. 그런데 이런 태도가 계속되면 친구들은 다르게 생각합니다. 아이들이 진지하게 고민 상담을 합니다.

"선생님이 왕따는 안 된다고 하셨는데, 쟤 잘난 척은 듣기 싫어서 같이 놀기 싫어 죽겠어요! 쟤 맨날 그런 얘기만 하는데, 걔네 아빠가 뭐 하는 사람인지 저희가 왜 알아야 돼요? 저희 진짜 쟤랑은 안 놀고 싶어요." 이렇게 점점 친구들에게서 소외되기도 합니다.

지는 것 자체를 '내 존재의 실패'로 받아들이는 아이들

"80점이 점수야?"라는 말을 들은 아이들은 내 존재 자체를 80점짜리로 여길 수 있습니다. 분명 100점일 때에는 부모님이 나를 사랑스러워 죽겠다는 눈빛으로 봐주었습니다. 나는 부모님을 행복하게 하는 쓸모 있는 사람입니다. 그런데 80점을 받아 오면 굳은 표정으로 틀린 문제를 지적합니다. 80점을 받는 나는 쓸모없는 사람이라는 생각이 듭니다. "너는 그거 하나 제대로 못 해서 지고 오냐. 그건 1학년 동생들도 하겠다"라는 말은 '우리 부모님 눈에 나는 1학년보다도 못한 사람'이라는 생각을 하게 합니다.

잘해내지 못하는 것에 대해 걱정이 되기 시작하고, 두려운 마음이 점점 커집니다. 무슨 일을 해도 실패할까 봐 새로운 것을 시도하지 못합니다. 아이도 '도대체 왜 나는 다 하기 싫고 새로운 활동을 해야 하는 날이면 짜증이 나고 도망가고 싶은 마음인지' 스스로 알지 못합니다. 정말로 몸이 피곤하고 배가 아프다거나 머리가 아파지기까지 합니다. 우리 아이들이 "제가 실패할까 봐 걱정되어서 하기가 두려워요"라고 설명할 수 있으면 좋겠지만 그럴 수 없습니다. 그러니 실제로 열이 나고 배가 아픕니다. 안 한다고 반항하고 짜증을 내거나 징징대고 우는 경우도 있습니다.

경쟁에서 이기게 해주고 싶어서 조금 엄하게 대했을 뿐인데, 또는 밖에서 지고 들어오게 하지 않으려고 무조건 띄워주고 '잘한다, 잘한다' 해줬을 뿐인데, 집 바깥에서 우리 아이는 암묵적으로 '무엇을 할 때 계속 욕심내고 우는, 혼자서 못하는, 짜증 내는 친구'로 이미지가 형성됩니다. 부모님이나 선생님이 할 일을 주면 짜증을 내거나 풀이 죽어서 마지못해 하는 모습을 보이니 어른들에게 혼나기도 합니다.

이런 아이들에게는 이기고 지는 것보다 훨씬 중요한 것이 있다는 것을 꾸준히 이야기해주어야 합니다. 그래야 '잘하지 못하는 것은 낮은 사람이 되는 것'이라는 생각에서 벗어날 수 있습니다. 지나치게 승부에 집착해서 친구에게 상처를 주는 언행을 하는 아이에게는 '놀이나 게임을 할 때에는 다른 친구랑 배려하면서 했는지가 가장 중요한 것'이라고 말해주세요. 질 것 같은 상황에서 견디지 못하고 짜증을 내거나 포기하는 아이에게는 "질 것 같아도 중간에 포기하지 않고 계속하는 점이 멋있던데?", "이번 게임에서 친구한테 졌지만 너 스스로 지난번보다 좀 늘었다고 생각했어? 그럼 그게 진짜 승리야!"라고 말해주세요.

어른의 입장에서는 당연해 보이지만 승부에 집착하는 아이들에게는 생소한 개념이고 낯선 생각입니다. 이런 이야기를 꾸준히 해주어야 아이들이 익숙하지 않은 것은 잘하지 못할 수도 있다는 것을 배웁니다. 나만 못하는 것이 아니라 사람은 누구나 잘하고 못하는 것이 있다는 것, 졌다고 해서 포기하는 것이 능사가 아니라 계속 열심히 하는 것이 진짜 멋진 것이라는 것도 알게 됩니다.

과도한 칭찬에 익숙한 아이들

"어휴, 우리 수영이가 또 100점이네. 엄마가 너 때문에 산다."

"어머, 1등 했어? 네가 걔들 다 이긴 거야?"

우리 아이에게 자신감도 심어주고 성취감도 심어주고 싶은 마음에 한 칭찬이지만 이런 유형의 칭찬은 도리어 역효과가 납니다. 엄마가 나의 100점 때문에 산다고, 다른 애들에게 이긴 것 때문에 기쁘다고 했으니 아이는 100점을 받지 못하거나 어디 가서 지고 오기라도 하는 날엔 엄마가 너무 슬퍼할 것이라는 생각을 합니다. 그러면 1등에 집착하게 됩니다.

시험 결과를 알려주는 날이면 아침부터 긴장합니다. 그러다 받아 든 시험지에 하나라도 틀렸으면, 아이는 하루 종일 우울해합니다. 얼굴이 붉으락푸르락해서 어찌할 바 모르는 하루를 보냅니다.

월요일 1교시, 국어 시간에 미리 공지한 대로 단원 평가를 보았습니다. 채점을 하여 종례 시간에 시험지를 나누어 주며 부모님 확인을 받아 오라고 했습니다. 다른 친구들은 모두 하교를 했는데 얼굴이 빨갛게 달아오른 철훈이는 씩씩대며 자리에 앉아 있습니다. 말을 걸어보아도 책상을 막 내리치기도 하고 혼자 소리를 지르기도 합니다. 위로를 해주려고 다가가는 친구들에게 짜증을 냅니다. 몇 번 시도하다가 친구들도 철훈이의 곁을 떠납니다.

평소에는 90점 정도를 받는 아이가 70점 정도를 받는 바람에 점수 때문에 힘들어하는 것 정도로만 생각했습니다. 철훈이가 조금 진정된 후 다시 물어보았습니다.

"저 어제 가족들하고 캠핑 다녀오느라 공부 못 한 거란 말이에요. 시험지 이거 엄마한테 절대 못 보여줘요. 저 진짜 이번에만 안 보여드리면 안 돼요? 제발요. 제가 아는데 엄마한테는 시험지 잃어버렸다고 하거나 오늘 시험 취소되고 다음으로 미뤄졌다고 하면 되거든요. 선생님만 엄마한테 말하지 말아주세요. 아니면 엄마한테 문자 보내서 시험 미뤄졌다고 해주시면 안 돼요?"

이런 아이들에게는 노력하는 과정이 결과보다 중요하다는 점을 꾸준히 이야기해주는 것이 좋습니다. 기대한 만큼 점수가 나왔든 나오지 않았든 점수 그 자체에만 초점을 맞추는 대화는 지양하여야 합니다. "엄마 아빠는 이번 시험을 준비하면서 열심히 하는 네가 정말 자랑스러웠어. 지난번보다 조금 더 성장한 네가 참 멋지다"라고 말해주세요.

경쟁에서 졌을 때 심하게 힘들어하는 아이를 위해서 부모님이 해주실 일은 가장 먼저 아이의 마음이 진정될 수 있도록 도와주는 것입니다. 속상함을 견디지 못하여 울더라도 부모님이 해결해주지 말고 잠깐 기다려주세요. 아이가 경쟁에서 질 것 같은 상황마다 부모님이 따라다니면서 달래줄 수는 없습니다.

"이번 주에 놀이공원 가기로 했지?", "어! 텔레비전에 네가 좋아하는 만화 한다!"와 같이 화제를 전환하거나 "그래! 네가 이겼다고 하자, 아니면 한 번 더 해!"와 같이 모든 것을 아이에게 맞추어주면, 불편한 감정을 처리해본 적이 없는 아이는 다음 경쟁에서 또 졌을 때 감당해내기가 무척 어려워집니다.

아이가 감정을 충분히 느끼고 좋은 방향으로 해결할 수 있도록 기다려주어야 합니다. 스스로 감정을 소화할 수 있는 능력을 점차 키워주어야 합니다.

아이의 감정이 조금 사그라지면, 졌을 때 어떻게 하고 싶은지 이야기해볼 수 있습니다. 또 게임은 하다 보면 질 때도 있고 이길 때도 있다는 것, 시험 점수보다 엄마와 아빠는 시험을 위해 노력한 네가 너무 자랑스럽다는 점을 일관되게 이야기해주어야 합니다.

우리 아이 자존감 알림장

친구와의 경쟁에 집착하지 않도록 칭찬해주세요

■ 이렇게 하지 마세요!

"넌 그거 하나 제대로 못 해서 어떡하니? 2등이 뭐야."

"어머, 1등 했어? 네가 친구들 다 이긴 거야?"

진 것을 가지고 혼나거나 이겼다고 해서 칭찬받는 아이는 '지는 것=내가 낮은 사람이 되는 것', '이기는 것=엄마가 기뻐하는 것'이라고 인식합니다. 따라서 아이는 이기는 것, 1등에 집착하게 됩니다. 그러면 지거나 실패할 때마다 크게 좌절하고 우울해지기 때문에 다시 일어나 도전하기를 두려워하게 돼 쉽게 포기하는 아이로 자랍니다.

■ 이렇게 해보세요!

"이번에 친구한테는 졌지만 너 스스로 지난번보다 늘었다고 생각했어?
그럼 그게 진짜 승리야!"

"열심히 하는 네가 엄마는 참 자랑스러웠어. 성장한 네가 참 멋지다."

결과보다 노력한 과정이 더욱 중요하다는 것을 아이에게 끊임없이 말해주는 것이 좋습니다. 나뿐만 아니라 사람은 누구나 잘하고 못하는 것이 있다는 것을 알고, 포기하기보다는 계속 노력하는 것이 더 멋지다는 것을 인식시켜주어야 합니다. 그래야 다음 경쟁에서 또다시 지더라도 자기감정을 감당해내고 다시 일어날 수 있는 아이가 됩니다.

혼자서는 아무것도 하지 못하는 아이들

삶은 자기 자신을 찾는 여정이 아니다. 자기 자신을 만드는 과정이다.
– 조지 버나드 쇼(George Bernard Shaw)

어느 날, 국어 시간에 글쓰기를 하려는데 한 아이가 말합니다. "선생님, 우리 엄마는 이런 거 할 때 창의적으로 머리를 휙휙 돌려서 생각해보래요. 아, 게임할 때나 놀 때도 우리 엄마가 그런 말 좀 해줬으면 좋겠다! 뭐 마음대로 할 수 있는 게 아무것도 없어!"라고요. 또 다른 아이가 이야기합니다. "공부 말고? 음, 우리 아빠는 뭐 먹을 때에는 놔두더라." 그러자 다른 아이가 말합니다. "우리 엄마는 가만히 앉아 있는 것도 뭐라고 해. 왜 가만히 있냐고 그래. 그냥 가만히 있는 거지! 이유가 어디 있다고."

아이들의 이야기를 듣고 보니 무척이나 공감이 되었습니다. 정해진 학교 수업, 정해진 학원 수업, 자유 시간도 어느 정도 정해져 있고, 여가 시간에 할 줄 아는 것이라곤 컴퓨터나 핸드폰, TV 시청이 대부분인 아이들. 어른인 저라도 그런 생활은 참 답답할 것 같다는 생각이 듭니다. 그래서 아이들과 이야기를 나눈 후 자율 시간을 만들었습니다. 일주일이나 2주에 한 시간 정도씩은 뭐든지 하고 싶은 것을 하는 시간입니다. 핸드폰 게임과 위험한 것, 다른 친구에게 피해가 되는 것을 제외하고는 무엇을 만들어도 좋고, 해보고 싶었던 것은 무엇이든 가져와 이 시간에 해보라고 이야기했습니다.

시작한 것은 5월쯤이었습니다. 자율 시간 운영 첫날, 아이들은 일단 각자 자기 자리에 앉아 있었습니다. 서로 눈치를 조금씩 보다가 얌전한 여자아이 하나가 책을 꺼내 듭니다. 다른 아이들도 따라서 책을 보거나 그림을 그리고 공책 귀퉁이에 낙서도 합니다. 또 시간이 흐르니 몇 명이 교실에 있는 교구를 가지고 체스를 두거나 알까기를 하기 시작합니다. 앉아 있기도 지루한 아이들은 "자도 돼요?" 물어보고 엎드려 잠도 잡니다.

2주 정도 지나니 아이들 몇 명이 다가와 학교 준비물 교실에 있는 물품을 빌려도 되느냐고 물어보았습니다. 당연히 된다고 했더니 도미노가 들어 있는 상자 몇 개를 빌려 왔습니다. 그동안 무엇을 할 수 있을지 아이들 나름대로 고민을 해보았나 봅니다. 책상을 옆으로 밀고 의자를 치웁니다. 그리고 코너를 나누어서 도미노를 세우기 시작합니다. 여러 명이서 하는 도미노이니 당연히 중간에 많이 쓰러집니다.

처음에는 표현 방법이 서툴러서 서로 탓하고 울고 싸웠습니다. “너 때문에 쓰러졌잖아”, “아니야, 너도 아까 쓰러뜨리는 거 내가 봤어!” 하면서 말입니다. 그런데 확실히 시간이 지날수록 도미노가 넘어져도 괜찮고, 다시 할 수 있다는 것을 배웁니다. 도미노를 몇 주 동안 해나가면서 실패를 하더라도 서로 다독이는 방법을 알아갑니다. 도미노가 쓰러져 좌절했다가도 친구들 응원에 힘내서 다시 한 번 도전하는 용기가 생깁니다. 나도 실수할 수 있고 친구도 실수할 수 있다는 것도 배웁니다. 그래서 친구가 실수를 하면 순간적으로 표정은 안 좋아지더라도 금방 “나도 예전에 넘어뜨렸는데. 크크크. 다시 세워, 같이 해!” 하고 말할 줄 압니다. 나중에는 책상 위치를 구상하여 다양하게 옮겨 모양을 만들고, 의자를 연결해서 책상 위에서 구슬이 굴러오고 도미노가 모양을 만들면서 쓰러지는 도안까지 설계합니다.

아이들이 자율 시간에 익숙해지자 학원 숙제를 다 하지 못했을 때에는 그 시간에 가져와서 하기도 하고, 유난히 수학의 특정 단원을 어려워했던 아이는 학습지를 달라고 해서 스스로 문제를 풀기도 했습니다.

어느 날은 아이들끼리 회의를 해서 요리 시간을 만들어달라고 건의합니다. 누가 정해준 것도 아닌데 팀을 나누고 1모둠은 떡볶이, 2모둠은 생크림 케이크, 3모둠은 라면, 4모둠은 토르티야 피자, 이런 식으로 만들어 다 같이 나누어 먹습니다. 회의를 하고 친구들과 함께하는 과정에서 의사소통 방법을 체득하고, 내 의견이 거절되었을 때 조금 더 나은 방식으로 이야기하는 방법, 친구의 의견과 섞어서 조율해보는 방법도 배웁니다.

무엇이든 할 수 있는 시간과 위험하지 않은 것은 허용해주는 분위기 속에서 아이들은 스스로 하고 싶은 일을 찾아갑니다. 이것저것 시도해보다가 잘하는 것도 스스로 발견하게 되고 그다음으로 해보고 싶은 것도 생깁니다. 어른이 시키지 않아도 다음에는 이렇게 해볼까, 저렇게 해볼까 고민도 합니다.

스스로 선택하고 도전하면 더욱 노력한다

여름방학이 끝난 어느 날이었습니다. 우연히 아이들이 점심시간에 운동장에서 놀다가 다른 반과 만나 반 대항 축구를 하게 되었습니다. 초등학교 6학년 아이들에게 축구는 단순한 스포츠 정도가 아닌 자존심이 걸린 커다란 문제입니다. 그런데 우리 반 아이들은 운동 기량이 아주 탁월한 편은 아니었습니다. 처음에는 아이들끼리 시합을 해보고 다섯 반 중에서 4등 정도로 판명되었던 것 같습니다. 자존심 대결이니 누가 실수라도 하는 날이면 구박을 하기도 하고 결국 경기 중에 험한 욕설까지 나왔습니다.

이 문제에 대하여 학급 회의를 진행했습니다. 사실 교사 입장에서는 단호하게 처리할 요량이었습니다. '축구 때문에 마음을 다치는 친구가 생기고, 욕을 하는 친구가 생기고, 별다른 개선 없이 계속 지금처럼 이어진다면 우리 반은 축구를 금지하고 싶다'고 말할 참이었습니다.

엄한 표정으로 회의를 시작하자마자 한 아이가 손을 들었습니다. "저희가 이야기해봤는데요, 연습을 좀 해보고 싶어요. 저희 나쁜 말도 안 쓸게요!"라고 말했습니다. 1학기 때 경험들이 있으니 아이들이 함께하는 방법을 생각해낸 것이었습니다. 점심시간과 등교하기 전 아침에 아이들끼리 스스로 훈련을 시작했습니다. 상대적으로 축구를 잘하는 아이들이 다른 친구들을 가르쳐주었습니다. 물론 의사소통을 하는 방법이 단번에 좋아지지는 않았습니다. 친구들을 가르쳐주다가 험한 말이 나오면 다시 아이들을 모아서 속상한 친구의 마음을 헤아려주고, 다시 한 번 연습하자고 권유하는 말하기 방법도 알려주었습니다. 그렇게 두세 달이 넘도록 꾸준히 했던 것 같습니다.

그리고 대망의 재대결이 시작되었습니다. 결과는 어땠을까요? 아이들이 노력을 많이 했고, 저도 아이들을 격려하고 혼내기도 하면서 각별히 신경 쓰는 시간을 함께 보내왔던 터라 영화같이 1등으로 끝나면서 눈물의 우승을 누리길 내심 바라기도 했습니다.

그런데 결국 가장 잘하는 반은 넘지 못했습니다. 나름의 리그전에서 1등이 아닌 2등 정도로 끝났습니다. 마지막 경기가 끝나는 순간 그 커다란 아이들이 교실로 들어와 한참을 엉엉 울었습니다.

눈물의 우승이 아닌, 정말로 눈물바다가 된 2등이었습니다. 1등이 목표였는데 허탈하기도 하고, 여태 애쓴 날들이 스쳐 지나가 벅차기도 했나 봅니다. 조금 진정된 후 아이들이 하는 말에 제가 울 뻔했습니다.

"와, 대박. 근데 우리 거의 꼴등이었는데. 진짜 노력하니까 되기는 되네. 짱 신기하다."

"처음에는 건우 공 오면 피하고 완전 무서워했는데, 오늘 중거리 차는 거 봄?"

"우리 다음에는 또 뭐 해보지?"

아이들은 자율 시간을 통해 잔소리로는 배울 수 없는 것을 몸으로 익혔습니다. 노력하면 무언가가 된다는 것, 기쁜 마음은 노력한 친구와 함께 나눈다는 것, 그리고 도전 정신까지 말입니다. 아이들이 할 일을 스스로 선택하고 도전할 기회를 제공해주는 것이 중요합니다. 아이들은 스스로 선택하고 책임지고 노력할 때, 생각보다 훨씬 많은 것들을 배웁니다.

집에서는 착한 아이, 학교에서는 독불장군

자신의 잠재력에 대한 인식과 자신의 능력에 대한 자신감으로도
더 좋은 세계를 만들 수 있다.
– 달라이 라마(Dalai Lama)

요즘 말로 '엄친딸' 같은 아이가 있습니다. 조용한 성격에 고분고분하여 할 일들도 깔끔하게 해내고, 정해진 시간에는 꼭 공부를 합니다. 글씨도 예쁘게 쓰고 학교 성적도 좋은 편입니다. 친구들이랑 싸우는 일도, 친구 때문에 속상해서 부모님이나 선생님에게 이야기하는 일도 손에 꼽힐 정도입니다. 남들은 남매끼리 형제끼리 투닥거려서 걱정이라는데, 이 아이는 동생 걱정부터 하고 놀러 나갈 때도 동생을 데리고 놉니다. 참 나무랄 데 없는 아이라는 첫인상을 심어주는 아이였습니다. 학기 초에 부모님께서 써주시는 기초조사서에는 올바르게 키우고 싶어서 엄하게 키우는 편이며, 공부를 열심히 하고 동생을 잘 돌보는 아이라고 적어서 보내주셨습니다.

그런데 시간이 지날수록 이렇게 완벽해 보이는 아이에게서 또 다른 모습이 보이기 시작했습니다. 학교에서 하는 아주 간단한 활동 중에도 스스로 할 수 있는 것이 거의 없다는 것이었습니다. 처음 해보는 원반던지기 수업에서 교사의 설명대로 원반을 앞으로 똑바로 보내지 못할까 봐 한동안 눈치를 보다가 눈물을 터뜨리더니 그렇게 한 시간 내내 우두커니 서 있었습니다. 미술 시간에 자유롭게 그림을 그리는 것도 슬쩍슬쩍 교사의 눈치를 보고 다른 아이들이 정말로 마음껏 그리고 있는 것을 확인한 후에야 도화지 귀퉁이부터 작게 그림을 그려나갑니다.

친구들과의 관계도 마찬가지입니다. 이야기를 할 때 친구들 눈치를 많이 보고 아주 간단한 대답도 망설입니다. 다른 친구가 와서 "너도 같이 놀래?"라고 물으면 '내가 같이 노는 걸 누군가가 불편해하진 않을까?' 하는 표정으로 주위 친구들의 반응을 전부 살핍니다. 같이 놀면서 본인이 하고 싶은 것이 있거나 다른 의견이 있어도 항상 그래왔던 것처럼 꾹 참습니다. 처음에는 다른 친구들도 그 아이를 착하다고 말했습니다. 그런데 같이 놀다 보면 그 아이도 하고 싶은 것이 있지만 아무것도 혼자 결정하지 못하다 보니, 어쩔 수 없이 양보를 하기는 해도 속상한 표정이 겉으로 드러납니다. 그 표정의 의미를 다른 아이들도 금방 알게 됩니다. 조금이라도 놀이판을 크게 벌이려 하면 갑자기 잔소리를 합니다. 그런데 또 큰 소리로는 못합니다. 같이 놀지도 않고 안 놀지도 않는 모호한 자세로 "그거 하면 안 되는데……", "안 될 것 같은데……" 합니다. 결국 친구들도 그 아이를 불편하게 여기게 됩니다.

부모님은 올바르게 키우고 싶었는데, 부모님 없이 혼자서는 할 수 있는 것이 아무것도 없는 아이가 되어버린 것입니다. 걱정되는 마음에 부모님에게 전하면 "우리 아이가 정말 그러나요? 그럴 리가 없는데요. 집에서는 참 잘하는데……" 하고 놀랍니다. 집에서는 완벽한 우리 아이가 학교에서는 제대로 못 하고 있다니, 정말 놀라고 속상할 만합니다.

똑 부러지는 아이의 함정

이번에는 또 다른 유형의 '엄친딸'입니다. 누가 보아도 똑 부러지는 여자아이였습니다. 수업 시간에 적극적으로 참여해서 발표도 잘하고, 어른들께 예의도 잘 지킵니다. 학원도 많이 다니지 않고 수업 시간에 집중하며 스스로 노력하는 것만으로도 시험 성적이 잘 나올 뿐만 아니라 학교에서 열리는 경시대회에서도 순위권에 듭니다. 일기장을 봐도 아주 괜찮은 아이입니다. "친구랑 약간 싸웠는데 친구 마음을 아프게 한 것 같다. 후회가 되어 내일 사과를 꼭 할 것이다." "언니가 내 말을 들어주지 않아서 속상했지만 내가 언니를 더 이해하려고 노력해봐야겠다." 일기의 반은 이런 내용입니다.

그런데 이상하게 친구들에게는 짜증쟁이가 됩니다. 어떤 친구가 실수로 툭 건드리고 지나가기라도 하면 눈을 흘기고 짜증을 내며 잔소리를 쏟아냅니다. 마음에 들지 않는 친구들을 은근히 한 명씩 소외시키고 놀다가 결국은 친구들이 그 아이를 피하기 시작합니다. 상담을 하면서 부모님께 아이의 이런 점을 말씀드리면 그런 모습을 본 적이 없어서 상상조차 안 된다고 합니다.

학교와 집에서 보여주는 모습이 다른 것은 아이들이 나쁘거나 잘못된 것이 아닙니다. 집에서는 나와 엄마, 나와 아빠, 나와 가족, 이렇게 1 대 1이거나 많아도 1 대 5 정도의 관계입니다. 굳이 누구를 이겨서 원하는 무언가를 쟁취해야 하는 일도 거의 없고, 싸웠던 사람과 억지로 같은 공간에 있을 필요도 없습니다. 익숙하지 않은 역사, 영어, 수학 같은 것들을 남들이 보는 앞에서 검사받을 일도 크게 없습니다.

그런데 학교에 오면 아이들이 맞이해야 하는 자극 자체가 다릅니다. 일단 선생님과 친구 25명에 나 1명입니다. 집에서는 1 대 1~5였는데 학교에서는 1 대 25 정도의 관계를 맺어야 합니다. 무언가를 나 대신 해주는 사람 없이 혼자서 선택하고 도전해야 합니다. 그러다가 잘못되면 선생님께 꾸중을 들을 수도 있고 친구와 다툼이 생길 때도 있습니다.

집에서는 너무 싫은 일이 있으면 부모님에게 도움을 요청하거나 다음으로 미룰 수가 있습니다. 그러나 학교는 그런 것들이 잘 안 되는 곳이지요. 물론 선생님이 도와주지만 모든 아이의 일거수일투족을 대신 해줄 수는 없습니다. 아침에 등교할 때부터 혼자서 이겨내고 해내야 할 것들이 아이를 기다리고 있습니다.

예를 들면 이런 것입니다. 등교를 했는데 나랑 어제 약간 사이가 불편했던 친구를 포함한 몇 명이 너무 재미있게 놀고 있습니다. 이때부터 아이는 여러 가지 중에서 선택을 해야 합니다. 혼자 자리에 가서 앉거나, 크게 한 번 심호흡하고 그 친구에게 슬쩍 눈짓하면서 같이 놀거나. 또 수업 시간이 되면 수학 문제를 빨리 잘 풀어서 선생님한테 칭찬도 듣고 싶습니다. 느긋하게 내가 속도를 조절해가면서 조금 늦게 풀 것을 선택하느냐, 빨리 풀어서 내가 1등이라는 것을 선생님과 친구들에게 보여주느냐의 선택입니다. 후자를 선택한 아이들은 다른 친구가 나보다 더 빨리 풀까 봐 수학 문제 푸는 도중에 눈동자를 굴리며 다른 친구들의 동향을 살피기까지 해야 합니다. 그렇게 계속 선택을 해가며 적어도 4교시, 길게는 6교시를 보냅니다. 또 중간 쉬는 시간은 어떨까요? 쉬는 시간 10분 안에 화장실을 금방 다녀와서 어떤 친구랑 뭘 하면서 놀지 고민하고 선택하고 놀고 정리까지 해야 합니다. 어떻게 보면 정말 치열하지요.

그러니 집에서는 안 그러던 모습이 학교에서는 나올 수 있습니다. 본능 같은 행동이 나올 때도 있습니다. 아직 감정을 조절하는 능력이나 표현하는 방법이 미숙하기 때문에 뜻대로 안 되거나 속상한 일이 생기면 친구들을 향해 화를 내고 소리를 지르게 될 수도 있는 것입니다.

우리 아이 자존감 알림장

학교에서 전화가 왔을 때에는 이렇게 생각하세요

학부모님들은 담임교사의 번호가 뜨거나 학교 전화번호가 뜨면 심장이 빨리 뛰기 시작한다는 말씀을 하십니다. 아이에게 걱정스러운 일이 생길 때 보통 전화를 드리기 때문이겠지요. 우리 애가 집에서는 그 정도가 아닌데 갑자기 왜 저러는지 속상하기도 하고, 진짜 열심히 키운다고 키웠는데 그런 전화가 오니 허탈하기도 하고, 선생님이 왜 우리 아이한테 그러시는지 야속하기도 하고, 선생님이 내 육아 방법을 틀렸다고 이야기하는 건가 싶기도 하는 여러 가지 마음이 들 것입니다. 그런데 이런 전화를 받더라도 당황할 필요가 없다는 이야기를 꼭 드리고 싶습니다. 교사들도 진심으로 아이의 성장을 위한 마음을 가지고 있기에 전화를 드립니다.

전화를 받는 시점은 바로 아이의 발전을 위한 부모님의 큰마음이 필요한 타이밍입니다. '아, 우리 아이가 경쟁할 때에는 그런 모습을 보이는구나. 앞으로 조금 더 나은 방향의 경쟁 또는 자기 자신과 경쟁할 수 있도록 이끌어주어야겠다' 하고 생각하는 것이 아이에게 큰 도움이 됩니다.

아이 역시 그 상황을 통해 또 배우게 됩니다. 저학년이 지나고 초등학교 중·고학년만 되어도 '이 정도 사건이면, 집에 갔을 때 엄마 아빠가 알고 있겠다' 하고 아이들도 예상하고 있습니다. 그때 엄마가 어떻게 대응하는지에 따라 아이들이 배우는 것입니다.

"너는 왜 학교에서 그렇게 친구들을 괴롭히니?" 하고 아이를 다그치거나 원망하면 아이는 더욱 말문을 닫습니다. 어떤 일이 있었는지 아이와 함께 이야기하고, 때리거나 욕을 하는 등 해서는 안 되는 부분에 대해서는 단호하게 안 된다고 이야기해주시면 됩니다. 또 아이에게는 나름대로 이유가 있을 수도 있습니다. 친구와 의견이 다를 수 있다는 것을 잘 몰라서 화를 내는 방식으로 표현했을 수도 있습니다. 또 예전에 상대방 친구가 약 올렸던 것이 갑자기 떠올랐다고 이야기하는 경우도 실제로 있습니다. 이럴 때에는 앞으로 어떻게 하면 좋을지 아이와 이야기해보는 것이 좋습니다. 대화를 통해 아이는 성장합니다.

2장

02

자존감은 성적순이 아니잖아요

공부만 잘하는 아이들이 빠지는 함정

삶이란 우리의 인생 앞에 어떤 일이 생기느냐에 따라 결정되는 것이 아니라
우리가 어떤 태도를 취하느냐에 따라 결정되는 것이다.
– 존 호머 밀스(John Homer Mills)

대학생과 취준생(취업준비생) 사이에 '취업 깡패'라는 말이 있습니다. 다른 과보다 취업이 잘되는 과를 뜻하는 말입니다. 공과대학의 몇몇 과를 의미하기도 하지만 스펙이 아주 뛰어난 사람을 말하기도 합니다. 또 취업 깡패가 되기 위한 '뛰어난 스펙'으로 취업 9종 세트를 준비해야 한다는 이야기도 있습니다. 이 9가지에는 학벌, 학점, 토익, 어학연수, 자격증, 공모전 입상, 인턴 경력, 그리고 사회봉사에 성형수술까지 포함됩니다.

좋은 학벌을 흔히 말하는 SKY 정도로 생각해본다면, 2018년을 기준으로 서울대, 고려대, 연세대 모두 합하여 약 1만 명 정도가 선발됩니다. 산술적으로 대학 입시를 준비하는 학생들의 인원수를 고

려해보았을 때 약 1.4% 안에 포함되어야 하는 수치입니다.

SKY는 아니더라도 열심히 공부시켜서 대학교에 보내면 또 취업을 준비해야 합니다. 2017년 6월 한 뉴스 기사에서는 대졸 신입사원 지원자 100명 중 2.8명만이 최종합격을 하는 것으로 나타났습니다. 97.2명은 다음 채용 기간을 위해 준비해야 합니다. 그러면 정해져 있는 학과 과목을 모두 수강하여 졸업을 할 수 있는 시점이라도 졸업을 유예합니다. 재학생 신분이 취업에 유리하다고 판단되기 때문에 어느 정도의 등록금을 내고 재학생 신분을 유지한 상태로 취업을 준비합니다.

채용 기간 2017년을 기준으로 취준생 인구는 약 72만 명이며 그 중 26만 명이 넘는 인구가 공무원 시험 준비를 하고 있습니다. 그리고 한 연구에 따르면 공무원을 준비하는 사람들의 1인당 평균 연간 지출액은 1천 800만 원입니다. 공무원 시험을 준비하기에도, 대학생 신분으로 졸업을 유예하면서까지 취업 준비를 위해 학원을 다니고 스펙을 쌓기에도, 직장이 없고 부모님의 지원이 없는 상태에서는 감당하기 쉽지 않은 금액입니다. 그러니 '헬조선', '금수저와 흙수저' 같은 이야기가 나옵니다. 넉넉지 않은 사정에 아이들을 열심히 키워 대학까지 보냈는데 수저 색깔을 거론하니 괜히 마음이 좋지 않습니다.

그렇다면 유학을 보내면 무언가 달라질까요? 영국 유명 대학을 졸업한 S는 사회에서 걱정하는 '문과', '여자'입니다. 영어를 잘하고 외국의 유명한 대학을 나오면 취업이 잘될 것이라고 생각하겠지만 S의 이야기는 달랐습니다.

7월에 대학을 졸업하고 가을 취업 시즌에 원서를 넣었지만 합격 연락이 오지 않았습니다. 그리고 그다음 해에 원서를 쓴 횟수는 총 78번, 그중 서류심사를 통과하고 면접까지 본 회사는 13곳뿐이었습니다. 그사이 노력에는 비교할 수도 없을 만큼 말도 안 되게 적은 월급을 받으면서 인턴 생활을 하고, 출퇴근 시간이 왕복 세 시간이 넘는 거리의 회사에서 계약직으로 일을 했다고 합니다. 그러던 중 한 곳에 최종합격을 한 것입니다.

그 뒤 S는 주변 동생들과 이야기할 기회가 있었습니다. 동생들은 "언니는 좋겠다. 78번이나 쓸 수 있어서. 채용공고가 떠야 원서를 쓰든가 하는데. 요즘은 공고조차 뜨질 않으니……"라고 말했다고 합니다.

대학은 종착지가 아니다

우리 아이들이 성인이 되었을 때에는 또 다른 모습일 수 있습니다. 어느 부분에서는 다르지만 또 어떤 부분에서는 비슷한 상황일 수도 있지요. 어른들은 우리 아이들이 성공해서 행복한 인생을 살길 바라면서 공부를 시킵니다. 일단 대학을 가면 모든 것이 해결될 것처럼 그럽니다. 대학 가면 살 빠진다, 좋은 대학 가면 남자 친구 여자 친구가 달라진다, 대학 가면 행복해진다고 말입니다.

그런데 대학을 간다고 해서 삶의 모습은 갑자기 바뀌지 않습니다. 그래서 '대학을 가도 생각보다 행복하지 않다', '엄마 아빠 품에 있을 때가 좋았다', '대학 왔더니 또 바로 취업 준비를 해야 한다' 같은 말을 합니다. 저도 그랬습니다. 대학 가면 답답한 생활이 해소가 되고 살도 빠지고 친구도 많이 생기고 텔레비전에 나오는 드라마의 대학생처럼 될 줄 알았습니다. 그런데 대학교에 입학해도 아무것도 변하는 것이 없었습니다. 달라진 것이 하나 있다면, '1등 신붓감'이 될 수 있는 교육대학교에 입학해서 부모님이 주위 사람들의 부러운 시선을 받게 되었다는 것뿐이었습니다.

시키는 대로만 하던 저에게 갑자기 자유가 생기니 뭘 어떻게 해야 할지 몰랐습니다. 대학을 와서 사람들과 만나 다양한 프로젝트도 하고 멋지게 살고 싶었지만, 사람들과 상호작용을 하면서 리더십 있게 행동하는 방법 자체를 몰랐습니다. 임용고시 걱정만 하면서 매일을 보냈습니다. 학교를 왔다 갔다 하기는 했지만 의미가 없었습니다.

어른들이 종착지라고 말하는 대학을 왔더니 새로운 고민이 시작되었습니다. 여태까지 사회에서 말하는 기준을 충족하기 위하여, 부모님의 기대에 부응하기 위해서 공부를 했는데 제가 생각한 삶의 모습이 아니었던 겁니다. 아니 정확하게 말하면, 삶에 대해서 생각해본 적이 없었던 것입니다. 그렇다고 해서 학교를 그만두고 새롭게 수능 공부를 할 용기는 나지 않았고, 억지로 공부를 하기는 더더욱 싫었습니다.

대학만 가면 끝일 줄 알았는데 그다음이 있다는 사실을 뒤늦게 알았습니다. 일단 좋은 대학을 나오고 스펙이 좋으면 취업도 삶도 편해질 가능성이 커질 테니 아이들의 공부와 성적에 집중하는 부모님들 마음은 충분히 이해합니다. 그렇다고 해서 대학은 잘 갔지만 취업을 위한 준비는 열심히 하지 않고, 주위 사람들과의 관계에 힘들어하고, 대충 되는대로 시간을 보내면서 살기를 원하는 부모님은 없을 것입니다.

대학교를 열심히 다니고 스펙을 쌓아 일단은 취업에 성공한 사람들도 이직을 하는 경우가 많습니다. 이직을 하지 않더라도 회사 내에서 팀원들과 함께 일을 하면서 승진을 하느냐 그러지 못하느냐가 달라질 수 있습니다. 이직을 할 때에도 원하는 회사를 갈지, 원하던 연봉을 받을 수 있을지에 따라 달라집니다. 또 회사에 입사하지 않고 자기 꿈과 적성을 고려하여 창업을 하기도 합니다. 대학이 끝이 아니라 자기가 가지고 있는 힘에 따라서 삶의 모습이 달라지겠지요. 대입을 위한 공부가 끝난 후 그다음 삶은 또 어떻게 살아갈지 함께 고민하면 더욱 좋을 것입니다.

자존감이 우리 아이 생존력을 결정한다

할 수 있다고 믿는 사람은 그렇게 되고,
할 수 없다고 믿는 사람 역시 그렇게 된다.
– 샤를 드골(Charles De Gaulle)

우리 아이들이 살아갈 '미래' 사회 하면 빼놓을 수 없는 키워드가 있습니다. 바로 4차 산업혁명입니다. 사물인터넷(IoT), 인공지능(AI), 가상현실(VR), 3D프린트 등 불과 몇 년 전까지만 해도 과학자들만의 용어처럼 느껴졌던 단어들이 더 이상 생소하지 않습니다. 4차 산업혁명으로 세상이 어떻게 바뀔지에 대해서는 학자들 사이에서도 의견이 분분하지만, 변화와 발전을 빠르게 거듭하는 사회이리라는 것만은 확실합니다.

세계경제포럼은 2020년까지 약 710만 개의 일자리가 사라지고 약 210만 개의 일자리가 새로 생겨날 것으로 전망했습니다. 게다가 현재 초등학생들 중 약 65%는 현존하지 않는 새로운 직업을 가지게 될 것이라고 말합니다. 지금 존재하지도 않는 새로운 직업이라니, 우리 아이들이 지금 배우고 있는 지식들이 미래에 의미가 있을 것인지 헷갈리기 시작합니다. 이제 100세 시대라고 하는데, 우리 아이가 20대까지 학교에서 배운 것으로 100세까지 잘 살 수 있을지 의구심까지 생깁니다.

우리 아이가 자라서 좋은 대학을 졸업해 60세까지 정년이 보장되거나 월급을 많이 받는 직장에 들어가 안정적으로 살게 해줄 수 있다면 참 좋을 것 같습니다. 그런데 미래에 아이들은 정년을 가득 채우고도 평균적으로 적어도 20년에서 40년을 더 살아야 합니다.

학자들이 연구한 미래 사회 모습을 보면 여러 가지 생각이 듭니다. 우리 아이들은 도대체 어떤 이름의 직업을 가지게 될지 궁금합니다. 미래에도 지금처럼 정년이라는 개념이 있기는 할지, 좋은 회사에 들어가서 어느 정도 다니다가 그만두고 창업을 했는데 그게 성공을 할지 아니면 겨우 먹고살 만큼 유지하게 될지…….

솔직히 말씀드리면 이미 30대인 저도 미래가 막연하고 불안합니다. '기술적으로 더 발전하면 교사도 위태로운 직업이라던데, 갑자기 그만두는 상황이 되면 어떡하지?' '정년을 꼬박 채우고 퇴직해도 평균 수명까지 살게 되면 20년 정도는 더 살아야 하는데, 그때가 돼서 두 번째 직장에 재취업을 할 수 있을까?' '지금 할머니들이 스마트폰을 생소해하듯이 미래에는 내가 모르는 기계를 다루는 젊은이들 틈에서 천덕꾸러기 대접을 받지는 않을까?' '그때는 그야말로

고령화 사회일 테니까 노인들이 할 수 있는 무언가가 따로 있을까?'

좋은 대학에 가서, 아니면 좋은 대학은 못 가더라도 결국은 좋은 직장을 얻어서 거의 한평생을 그 직장에서 일하면서 행복하게 살 수 있으면 하지 않아도 될 걱정들입니다. 그런데 이미 그런 시대는 끝났습니다. 한 취업 포털의 조사에 따르면 현재 직장인 10명 중 6명은 입사 2년 내에 첫 이직을 하는 것으로 나타났습니다. 런던 경영대학원(London Business School, LBS)의 코스타스 마르키데스(Costas Markides) 교수는 현재 18세인 아이들이 40세가 되었을 때에는 평균적으로 10개에서 14개까지의 직업을 거치게 될 것이라는 예측을 했습니다. 그렇다면 좋은 성적으로 좋은 대학과 좋은 직장에 입사하는 것 외에 그것만큼 중요한, 아니 어쩌면 그것보다 더 중요한 무언가가 있지 않을까요?

삶의 순간순간을 대하는 태도가 미래를 결정한다

미국 하버드 대학교에서 이루어진 '그랜트 스터디'라는 흥미로운 연구가 있습니다.

1938년부터 연구자들은 하버드 대학교를 졸업한 학생 중 약 270명을 선발하여 75년에 걸쳐 지속적으로 삶의 모습을 연구했습니다. 이미 뛰어난 능력으로 일류 대학에 입학한 사람들의 삶을 연구하는 것에 의미가 있었을까요?

연구 결과 참여자 중 30%는 누가 보더라도 명백할 만큼 성공한 삶을 산 반면, 또 다른 30%는 부적응적인 삶을 산 것으로 나타났습니다. 하버드 졸업생임에도 약 17%는 회사에서 중간관리자 역할조차 맡지 못하였습니다.

이 연구에서 성공적인 삶을 살아가는 사람들의 비결이 밝혀졌습니다. 바로 '문제 상황에서 자신을 돌보기 위한 대처를 잘하는지'에 대한 차이였습니다. 심리학에서는 '적응기제'라는 단어를 사용합니다.

좋은 대학에 보내기 위해서 또는 남들이 보기에 좋은 삶을 만들어주기 위해서, 아이를 잘 통제하여 하루하루를 보내게 할지, 삶의 순간순간을 대하는 태도를 알려줄지 꼭 생각해보아야 합니다.

허약한 마음이 20대 방황을 만든다

당신이 저지를 수 있는 가장 큰 실수는
실수를 할까 봐 두려워하는 것이다.
– 엘버트 허버드(Elbert Hubbard)

20대, 반짝반짝 빛나는 청춘입니다. 긴 대학 입시라는 터널을 통과하여 진짜 세상으로 나온 참 예쁘고 반짝이는 나이입니다. 연애, 공부 등 하고 싶은 일도, 할 수 있는 일도 많은 나이인 것 같습니다. 그런데 현실은 녹록지 않습니다. 동아일보에서 보건복지부 자료를 분석한 기사를 보면, 최근 1년 중 2주 이상 일상생활에 지장이 있을 정도로 슬프거나 절망감을 느낀 응답자가 2015년에는 50대보다 20대가 더 많았다고 합니다. 또 다른 기사에서는 2017년 20대의 우울증은 4년 사이 20%나 증가했다는 결과를 보도했습니다. 우울증뿐 아니라 공황장애, 알코올중독, 장염 등의 신체적 질환도 예외는 아니었습니다.

학생 때에는 좋은 대학에 가기 위해서, 대학에 가서는 좋은 직장에 들어가기 위해서 준비를 합니다. 대학에 들어가보니 취업 준비가 필요합니다. 긴 노력 끝에 최종적으로 직장에 들어갔는데, 기대와 동떨어진 근무 환경에 견디기가 힘들어집니다. 취업난에 좌절을 겪는 취준생도, 취업의 벽을 넘은 사회초년생도 숨 막히는 청춘을 보내고 있습니다.

3포세대(연애, 결혼, 출산을 포기한 세대), 5포세대(연애, 결혼, 출산, 내 집 마련, 인간관계를 포기한 세대), 취집(취업과 시집의 합성어로, 취업 대신 시집을 간다는 뜻)과 같은 신조어가 괜히 생기는 것은 아닌 것 같습니다.

다른 사람들이 보기에는 안정적인 직장이 보장되어 있는 듯한 교육대학교 학생이라 할지라도 20대의 우울을 피할 수는 없었습니다. 선생님이 되고 싶은 것 같기는 했는데 사실은 그렇지 않았던 것도 같았고, 25세에 임용고시에 합격하면 정년까지 약 40년간 같은 일을 해야 한다는 생각에 더욱 막막해졌습니다. 그때부터 학과 공부는 뒷전이고 초등학생 학습 멘토링 봉사, 아르바이트, 외국으로 여행 가기, 영어 공부, 관심 있던 심리와 상담에 대한 공부까지 이것저것 시도해보았습니다.

심리학 공부가 재미있다고 생각했는데 학교를 그만두고 또 수능을 공부하기에는 엄두가 나지 않았고 시간을 보내다 보니 졸업할 학년이 되어 있었습니다. 경제적인 걱정을 안 할 수도 없는 상황이니 일단은 임용시험을 쳐야겠다는 판단을 했습니다. 분명 대학만 가면 끝일 줄 알았는데, 계속 무언가 허전했습니다. 상담이나 심리에 대한 공부를 더 하고 싶으니 무작정 일단 수도권으로 올라가자는 생각을 했습니다. 경상도에서 대학교를 다녔으니 동일한 지역에 지원하면 가산점이 있었지만, 가산점을 포기하고 경기도 지역으로 지원했습니다. 경기도 시험을 합격하고 의정부에서 처음 만난 아이들은 너무 귀엽고 사랑스러웠습니다. 좋은 선생님이 되어 아이들이 변화하는 모습만 보아도 삶을 뿌듯하게 살 수 있겠다는 생각도 들었습니다. 그러나 마음 한구석에 있는 무엇인지 모를 허전한 마음은 더욱 커져갔습니다.

대학원을 가면 허전한 마음이 달래질 것 같았습니다. 알아보니 심리와 상담은 연세대학교가 유명하다는 이야기를 들었습니다. 그런데 연세대학교는 퇴근을 하고 의정부에서 지하철과 버스를 타고 가려면 출석 시간을 맞추기가 현실적으로 불가능했습니다. 그렇다면 신촌에 있는 학교를 다닐 수 있도록 서울 지역 임용시험을 다시 한 번 더 치려고 결심을 했습니다. 낮에는 교사를 하고, 퇴근을 하면 곧장 독서실로 가서 밤늦은 시간까지 임용시험을 공부했습니다. 그리고 서울로 지원을 했고 합격을 했습니다. 서울에 발령을 받자마자 연세대학교 교육대학원에 지원하여 석사 과정에 합격했습니다. 낮에는 교사를 하고 5시에 퇴근, 저녁에는 6시부터 10시까지 대학원을 다니는 생활이었습니다.

과정을 짧게 적었지만 정말로 힘든 시간이었습니다. 임용시험 공부를 하고 집으로 돌아오는 깜깜한 길에서 엉엉 소리를 내어 운 날도 많았습니다. 해당 지역의 대학교를 졸업한 학생에게만 주는 가산점이 없어서 시험에 계속해서 떨어지는 꿈을 수도 없이 꾸었습니다. '우리 집에 돈이 더 많았으면, 내가 임용시험을 고민할 필요도 없이 그냥 대학원을 갈 수 있지 않았을까?' 생각하면서 마음을 쏟아 최선을 다해 나를 키워주신 부모님을 원망하기까지 했습니다.

의정부에서 교사를 하며 저녁마다 독서실을 가는 길 위에서 김밥을 먹던 어떤 날에는 견딜 수 없는 답답함과 우울함에 아무에게나 억울함을 호소하고 싶었습니다. '이미 교사가 되었는데, 이 정도면 다들 충분한 삶이라고 할 텐데, 더 노력하는 것은 욕심으로 보일 텐데, 그냥 그만할까?' 하는 생각을 헤아리지 못할 만큼 했습니다.

대학원에 입학하고 모든 것이 와르르 무너졌습니다. 중·고등학교 때에는 대학 가려고, 대학 때에는 또 임용고시를 치려고 노력하고, 임용고시에 합격하고도 또 임용을 쳐서 두 번이나 합격하고 서울에 있는 대학원에 입학하는 것까지는 했습니다. 그렇게 앞만 보고 달리다 정신을 차려보니 20대 후반이었습니다. 최선을 다해서 노력했는데, 삶의 의미도 찾지 못했고 행복하지도 않았습니다. 무엇을 위해서 이렇게 20대를 바쳐서 살아왔는지 허무하고 우울했습니다.

아이들의 1년이 나에게 달려 있다 보니 대충 일할 수가 없었습니다. 낮에도 최선을 다하고 저녁에는 공부하고, 몸은 몸대로 지치고 마음도 힘들었습니다. '여기까지만 해야겠다. 나는 할 만큼 했다' 하는 생각뿐이었습니다. 시간을 잘 보낸 것에 대한 만족이 아닌 포기하는 마음이었습니다.

아무리 내가 쉬지 않고 끊임없이 무언가를 해도 금수저 친구들에 비하면 스스로가 너무 초라해 보였습니다. '금수저 친구들 눈에는 그냥 내가 아등바등하는 불쌍한 아이로 보일 수도 있겠지?' 하는 마음도 들었습니다. 돌이켜 보면 그때가 기사에 나온 20대 우울증 상태였습니다. 그래서 대학원을 다니면서 학교 상담센터에서 상담을 받았습니다. 상담이 끝나고 집에 돌아가면서 사람 많은 백양로 길을 부끄러운지 모르고 울면서 걸어 다녔습니다.

상담을 받고, 30대에 접어들면서 '지쳤지만, 그냥 지금 안정적인 생활도 나쁘지는 않지만, 나를 위해서 진짜 내가 하고 싶은 것을 찾아보자. 쪼금만 더 노력해보자' 하는 마음으로 견뎠습니다. 대학원을 졸업하고도 완전히 포기하지 않고 공부를 하고 아이들을 더 잘 가르치기 위한 자격증을 따고, 강의를 들으러 다녔습니다.

그리고 평소와 같이 강의를 들으러 간 어느 날, 하고 싶은 것을 드디어 발견했습니다. 강의 중이라 티는 많이 못 냈지만 누군가가 머리를 꽝 때리는 기분이었습니다. 그리고 하고 싶은 일을 찾은 그날 이후 같은 일을 해도 훨씬 덜 피곤해졌습니다. 비슷한 상황도 더 긍정적으로 보였습니다. 같은 공부를 해도 더 재미있었습니다. 여유가 생기고 그전에는 별로 해본 적 없었던 '삶에 감사하다'는 생각까지 하게 되었습니다.

하고 싶은 것을 찾고, 우울하고 불안한 마음을 떨쳐버리는 데에 20대 꼬박 10년이나 걸렸습니다.

시키는 대로 잘하는
착한 아이는 위험하다

나는 여러분에게 성공의 공식은 줄 수 없지만, 실패의 공식은 줄 수 있다.
실패의 공식이란 모든 사람을 만족시키기 위해 노력하는 것이다.
– 허버트 스워프(Herbert Bayard Swope)

엄마의 수많은 말에 단 한 번도 싫다는 대답을 해본 적 없는 아이가 있습니다. 심부름을 시켜도, 공부를 시켜도 아이가 조금 버거울 만큼 무언가를 요청해도 "네" 하고 대답합니다. 아이가 원하는 다른 것이 있어 보여도 엄마 말은 거의 다 들어줍니다.

주위에서 "어휴, 딸을 어떻게 그렇게 잘 키웠어?" 하고 부러워하면 엄마 마음은 더욱 뿌듯합니다. 기쁜 마음으로 학교를 다녀온 딸에게 "딸, 오늘도 학교에서 별일 없었어?" 물어봅니다. "네, 다 좋았어요" 합니다.

공부하기 싫다는 말은 하지도 않고, 다른 일에 대해서도 반항하지 않습니다. 공부도 시키는 대로 곧잘 하니 어느 정도 성적도 괜찮게 나옵니다. 아무래도 딸이니, 1등 신붓감으로 만들어 안정적으로 살게 해주고 싶습니다. 다니는 학원 개수가 점점 늘어납니다. "피아노 학원 끝나고 바로 수학 학원 가는 거 안 힘들어?" 하면 전혀 힘들지 않다고 합니다. "영어 학원은 어때?" 그러면 다닐 만하다고 합니다. 이렇게 어른스럽고 착하게 잘 자라고 있는 우리 딸, 정말 괜찮은 것일까요?

엄마와 아빠를 실망시키지 않기 위한, 또는 부모님에게 혼나는 것을 피하기 위한 행동으로 삶의 모든 기준을 정합니다. 내가 했을 때 엄마와 아빠가 기뻐하거나 혼내지 않는 것이 곧 내가 하고 싶은 것입니다.

가정만의 특별한 환경 때문이든, 아니면 엄격한 부모님의 성향 때문이든 아이가 자신의 마음을 자유롭게 표현할 수 있는 분위기가 형성돼 있지 않으면 자기 표현력과 자율성이 약해집니다. 스스로 생각해서 결정해본 경험도 없고, 싫은 것을 표현하는 방법도 모릅니다. 친구들 사이에서도 마찬가지입니다. 자신의 생각을 표현하는 것이 어려우니 친구들 결정에 휩쓸려 따라갑니다. 부당한 일이 생기거나 불리한 입장이 되어도 꾹 참기만 합니다.

아이가 싫은 것을 참을 줄 알고, 마음대로 결정하지 않고 순응한다고 해서 괜찮은 것은 아닙니다. 참아야 하니 자기도 모르게 스트레스가 쌓이고, 부모님의 결정에 따르거나 힘이 센 친구의 결정에 따라가니 아이가 정확히는 알 수 없지만 마음에 찜찜한 감정들이 생기고 쌓이게 됩니다.

분명 평소에는 순한데 뜬금없이 어느 순간에 부모님이나 친구들에게 짜증을 냅니다. 평소에는 잘 지내고 집에서는 동생한테도 참 잘하는데 갑자기 우리 아이가 학교에서 친구를 때렸다는 전화가 선생님에게 걸려옵니다.

공부에도 영향을 받습니다. 초등학교, 중학교까지는 곧잘 하다가 고등학교 때 성적이 급격히 떨어지는 아이들도 있습니다. 공부를 엄마가 속상하지 않을 만큼 어느 정도만 하게 되기 때문입니다. 엄마에게 혼나지 않을 만큼만 합니다. 스스로 필요성이 느껴지거나 성취감을 느껴서 하는 일이 아니기 때문에 그 이상은 노력해도 잘 되지 않습니다.

내용이 그다지 어렵지 않을 때에는 상위권을 유지하는 것이 가능합니다. 그런데 고등학생이 되면 많이 달라집니다. 긴 시간 공부해야 하니 체력적으로도 힘이 들기 시작합니다. 나보다 못하던 친구가 막 치고 올라오기 시작합니다. 그런데 공부하면서 생기는 스트레스나 부정적인 감정을 처리해본 적이 없습니다. 실패도 해보고 성공도 해보면서 쌓인 나만의 방법으로 스스로 공부해야 하는 수능이라는 긴 싸움을 해나갈 뒷심이 부족합니다.

부모님은 좋다는 과외도 시키고 문제집도 사주고 인터넷 강의도 들을 수 있게 돈을 아끼지 않습니다. 아이는 '왜 나는 책상에 앉아 있어도 성적이 안 오르지? 성적이 이렇게 계속 떨어져서 부모님이 실망하면 어쩌지?' 하는 불안감만 깊어집니다. 그런데 시키는 대로 해왔기 때문에 어떤 방법이 나에게 맞는 공부 방법인지 모릅니다. 고등학생이 되어서야 그 시행착오를 겪기 시작하고, 성적이 들쑥날쑥해집니다. 그러면 부모님도 아이도 지칩니다. '아, 얘가 머리가 좋은 애는 아니구나' 또는 '나는 시험 운이 없구나' 하는 생각이 듭니다.

친구와의 관계에서도 마찬가지입니다. 싫은 것을 표현해본 적도 없고 표현하는 방법을 모르니 일단 참습니다. 항상 누군가가 시키는 일을 해왔기 때문에 친구가 하자는 대로 무조건 맞춥니다. 그러다가 불만이 쌓이면 어찌할 줄 모르다가 이상한 방향으로 표현합니다. 친구들에게 짜증을 내거나 다른 친구에게 험담을 합니다. 괜히 그 친구의 자존심을 건드리는 말을 하기도 합니다. 가만히 있던 친구들에게는 날벼락입니다.

부모님 말을 잘 듣는 아이가 무조건 나쁜 결과를 맞이하게 된다는 말은 아닙니다. 부모님 말을 잘 듣게 해서 좋은 성적을 받고 좋은 대학을 보내는 것이 나쁘다는 이야기는 더더욱 아닙니다.

우리 아이가 좋은 대학을 졸업해서 좋은 직장을 얻고 좋은 사람과 결혼해서 쭉 경제적으로도 풍요롭고 행복한 삶을 살 수 있다면 참 좋을 것입니다. 그런데 인생이 그렇지만은 않다는 것은 부모님들이 더 잘 알 것입니다. 작고 큰 고비들이 찾아오는 것은 명문대 졸업생도 어찌할 도리가 없습니다. 시련이 왔을 때 바른 판단으로 잘 극복해내고, 자신의 주관을 갖고 다시 인생을 기획하고 결정하는 힘이 필요합니다.

반항기를 거치면 자주적인 사람으로 자랄 수 있다

독일의 심리학자 헤처(Hetzer)는 반항하는 아이들과 그렇지 않았던 아이들을 대상으로 연구를 했습니다. 2세부터 5세 사이에 반항기를 거친 아이 100명과 그렇지 않은 아이들 100명이 성장할 때까지 지켜보았습니다. 그 결과 반항기를 거친 아이들 중 84%는 의지가 강하고 주관이 뚜렷한 청년으로 성장하였습니다. 반면 반항기를 거치지 않은 아이들은 그중 24%만 자주적인 청년으로 성장한 것으로 나타났습니다.

이 연구는 시키는 대로만 해온 착한 아이가 청년이 되었을 때에도 스스로 주관을 내세우기 힘들게 된다는 것을 보여줍니다. 남들이 시키는 것만 하거나 혼자 결정하지 못하는 의존적인 사람으로 클 가능성이 크다는 이야기이지요.

엄마 말에 싫다고 하지 않고 공부도 시키는 대로 곧잘 하고 다 괜찮다고 하는 아이가 있으면 부모님들은 한 번 더 아이를 살펴봐야 할 상황일 수도 있습니다.

'좋은 사람'으로 키울 것인지 '키우기 쉬운 아이'로 쭉 키울 것인지는 부모님의 작은 행동에 달려 있습니다. 아이가 자신의 진짜 생각을 말할 수 있도록 분위기를 만들어주어야 합니다.

3장

03

단단한 아이로 만드는 부모의 행동

내 아이의 성장 속도를 남에게 맞추지 않는다

자신을 타인과 비교하지 않는 것에서
자신감이라는 씨앗이 자라게 된다.
– 에이브러햄 매슬로(Abraham Maslow)

초등학교 고학년이 될수록 부모님들 고민은 더욱 깊어집니다. 저학년 때까지는 내 딸과 딸의 친구들이 서로 크게 다르지 않았습니다. 어떤 시험에는 누가 더 잘했고, 또 다른 시험은 우리 딸이 더 잘하고 비슷했습니다. 그런데 4학년, 5학년이 되면 차츰 눈에 띄는 아이들이 생깁니다. 누가 보아도 인정받는 아이들 말입니다.

어떤 아이는 시험에서 매번 100점을 받고 경시대회에서 매번 상을 받아 더 큰 대회까지 나갑니다. 또 평소 친구들과 관계가 좋았던 누구네 아들은 전교 어린이 회장이 됩니다. 그러다 우리 딸이 "엄마, 나는 원래 걔보다 수학 못해. 나는 원래 못해" 한마디 하면 한숨이 나옵니다. 뭐라고 말해야 될까 고민하다가 "야, 원래 못하는 게 어디 있어. 노력하면 되지! 최선을 다하면 돼!"라고 말합니다.

학부모 상담 주간이 되면 이러한 고민이 확연히 나타납니다. 저학년 때까지는 주로 "우리 아이가 친구들과는 잘 지내나요?", "밥 먹는 속도가 좀 느린데, 학교에서는 어떤가요?"와 같은 상담이 주를 이룹니다. 그런데 고학년이 되면 "수업 시간에 집중을 잘하나요?", "저희 아이가 수학이 좀 부족한데, 어떻게 하면 좋을까요?", "스스로 공부를 잘 안 하고 제가 시켜야 책상에 겨우 앉는데, 이거 어떻게 고칠 수 있을까요?"와 같은 질문이 많아집니다.

교육에 대한 정보도 너무 많습니다. 몇 학년 때까지는 영어와 수학 학원 정도만 보내는 게 좋고, 3학년쯤 되면 미술, 체육, 음악이라는 정규 과목도 생기니 예체능 학원 하나쯤 끼워 넣어야 된다고들 합니다. 고학년이 되면 사고력이 중요한 것 같아 창의 수학이나 독서 논술을 시킬까 고민합니다.

학부모 공개 수업을 참관하러 학교에 가서 수업을 보니 아이들이 예쁘게 앉아 선생님 이야기에 귀를 기울입니다. 모둠 활동에서 친구들과 함께 토의하여 새로운 답도 찾아내고 손을 들어 발표도 합니다. 그런데 아무리 기다려보아도 우리 아들은 손을 들지 않습니다. 발표는커녕 집중도 못 하고 딴짓을 하는 것을 보면 속이 터집니다. 괜히 다른 엄마들 보기가 부끄러워집니다.

다른 아이들과 비교하면 조급해지고 불안해지는 부모님 마음도 이해합니다. 하지만 부모님 마음이 불안하다는 이유로 학원을 바꾸고 이것저것 다그치다 보면 오히려 아이는 제대로 배우지 못합니다. 부모님의 불안감만 아이에게 전달되고, 아이에게는 공부도 더 성장하는 것도 버겁고 힘든 것이 됩니다.

"너 왜 이렇게 수업 시간에 집중을 안 해. 선생님 말씀 잘 듣고 수업 시간에 집중해야지. 너는 애가 왜 이렇게 가만히 앉아 있지를 못 하니" 하고 말했을 때 '아, 부모님 말씀이 맞아. 내가 오늘따라 수업 시간에 집중을 못 했구나. 그러고 보니 요즘 집중을 하지 않았던 것 같아. 앞으로는 40분 동안 똑바로 앉아서 공부에 집중해야지'라고 생각할 수 있는 아이는 거의 없습니다.

우리 아이가 더 좋은 성적을 받고, 행복하게 지내면서 잘 자랄 수 있게 하려고 선택한 방법이 아이에게는 부담만 주는 셈입니다. 부모님 의도와 전혀 다른 결과를 내는 셈이지요. 다른 아이들이 어떤 학원을 다니고 어떻게 생활을 하든, 우리 아이의 특성에 맞게 도와주어야 합니다. 정말로 우리 아이를 위한 길이 무엇인가 하는 고민에 대한 답은 사실 엄마가 제일 잘 알고 있습니다. 우리 아이의 특성을 고려해야 한다는 이야기입니다.

아이들은 한 명 한 명 모두 다르다

6학년 담임을 할 때 있었던 일입니다. 쉬는 시간 종이 치자마자 남자아이 둘이 교실 앞쪽으로 나오더니 다짜고짜 칼싸움을 시작했습니다. 그것도 심지어 쉬는 시간 바로 전 미술 시간에 완성한 만들기 작품으로 칼싸움을 합니다. 종이로 만든 작품이라 크게 위험하지 않아 보여 신나게 노는 것을 보고 있는데, 지켜보던 아이들이 우르르 나오더니 거의 대부분의 남자아이들이 놀이에 동참합니다. 아무리 종이칼이라도 사람이 많아지니 몸싸움이 되어 위험할 수 있을 것 같아서 말려야겠다고 생각했습니다. 그때 저 멀리에서 지켜보기만 하던 조용한 남자아이가 앞으로 나왔습니다. '아, 찬형이가 말리겠구나' 생각하는 동시에 찬형이가 저에게 한마디 날립니다. "선생님, 좁아 보이니 교탁은 치워주시죠."

남자와 여자의 차이에 대해서는 학자마다 조금씩 다르게 이야기를 합니다. 남녀 차이가 발생하는 이유로 우뇌와 좌뇌의 차이를 설명하기도 하고 호르몬 차이 때문이라는 연구도 있습니다. 상대적으로 여자아이들이 타인과의 관계를 중시하고 감정 표현을 섬세하게 하는 데 신경 쓴다면, 남자아이들은 성과를 내는 것에 집중한다는 연구 결과도 있습니다.

그런데 딸이라고 해서, 아들이라고 해서 모두 같지 않습니다. 심지어 한배에서 나온 딸들이고 아들들인데 자매끼리 형제끼리 성향에서 차이가 납니다. 바깥에서 놀이를 하더라도 어떤 아이는 땀을 뻘뻘 흘리면서 신나게 운동을 하고, 어떤 아이는 아주 친한 친구들 몇 명과 이야기를 나누거나 모래놀이를 하면서 아주 재미있게 놉니다. 각자가 편안하게 느끼는 환경이 다른 것입니다. 내성적인 아이와 외향적인 아이의 특징이 다르지요.

기질 차이도 있습니다. 미국의 알렉산더 토머스(Alexander Thomas)와 스텔라 체스(Stela Chess)라는 심리학자가 아이들의 기질을 분류하였습니다. 첫 번째는 순한 아이(Easy Child)입니다. 순하고 규칙적이며, 새로운 환경에도 긍정적으로 적응을 잘합니다. 대략 40%의 아동이 순한 아이의 범주에 포함됩니다. 두 번째는 까다로운 아이(Difficult Child)입니다. 이 아이들은 상대적으로 민감하고, 환경 변화에 예민하여 쉽게 적응하지 못하고 강하게 반응하는 모습을 보입니다. 약 10%의 아동이 이 범주의 특성을 나타냅니다. 세 번째는 더딘 아동(Slow To Warm Up Child)입니다. 아이들의 15% 정도가 이 범주에 해당되는데 감정을 겉으로 크게 표현하지 않고 새로운 변화에 천천히 적응합니다. 마지막으로 나머지 35%는 위 세 가지 기질의 특성이 혼합된 아이들입니다.

까다로운 아동의 범주에 속하는 아이에게 강압적인 양육 방식으로 훈계를 하면 아이는 더욱 심하게 반항하는 모습을 보일 수도 있습니다. 더딘 유형의 아이에게 부모님의 마음이 급해서 '빨리빨리'를 강요하면 아이가 제대로 배우기 힘듭니다.

다행인 것은 후속 연구에 따르면 아이의 기질이 아이의 적응력 전체를 좌우하는 것은 아니라고 합니다. 우리 아이가 까다로운 기질이라고 하더라도 계속해서 변화가 생길 때마다 강하게 반응하는 것은 아니라는 것입니다. 아이의 정해진 기질보다 중요한 것은 아이의 특성에 적합한 방식으로 양육하는 것이며, 이 양육 방식이야말로 아이의 적응력에 더 큰 영향을 끼친다고 합니다. 다시 말하면, 만약 우리 아이가 까다로운 기질의 아이라 하더라도 부모님이 아이 수준에 적합하게 정서를 조절할 수 있도록 돕는다면 아이가 적응하는 데 무조건 문제가 생기는 것은 아니라는 이야기입니다. 기질에 따라, 아이에 따라 적절한 도움이 필요하다는 것이지요.

같은 상황과 같은 문제라도 100명의 아이들이 있으면 아이들을 도울 수 있는 방법도 100가지입니다.

'이렇게 해서 저 집 아이는 성적이 올랐다던데, 저렇게 해서 다른 아이는 친구들하고 더 잘 지내게 됐다던데, 왜 우리 아이는 안 되지? 우리 아이가 부족한가? 내가 뭘 잘못했나?'

하루에 열 번도 더 마음이 왔다 갔다 할 때, 엄마와 아빠가 우리 아이에게 부족하게 해준 것 같아서 우리 아이가 잘못된 것 같다는 생각이 들 때, 우리 아이의 성장을 위해서 무언가 특단의 조치가 필요하다고 여겨질 때, 주위에서 하는 말에 마음이 흔들릴 때, 마음을 잠시 붙잡아주세요. 그리고 우리 아이를 한번 찬찬히 생각해주세요. 사실은 우리 아이의 특성을 고려한 부모님의 맞춤 해결책이 우리 아이에게 최고의 방법입니다.

아이의 꿈은 대화로 만들어진다

타인보다 우수하다고 해서 고귀한 것이 아니다.
과거의 자신보다 우수한 것이야말로 진정으로 고귀한 것이다.
– 어니스트 헤밍웨이(Ernest Hemingway)

점심시간에 실컷 뛰어노느라 이마에 땀이 송골송골 맺힌 아이들이 교실로 돌아와서 "나는 축구할 때 엄청 신나. 커서 꼭 축구선수가 될 거야"라며 수다의 꽃을 피웁니다. 서로 꿈에 대해서 이야기하다가 한 아이가 엄청 놀라며 소리쳐 말합니다.

"헐, 선생님! 재는 꿈이 없대요. 헐, 대박."

다른 아이들이 황당하다는 표정으로 '꿈이 없는' 아이를 쳐다봅니다. 그 아이는 당황해서 눈만 도르륵 굴립니다.

초등학교 3학년만 되어도 꿈이 없으면 큰일이 나는 줄 압니다. 꿈이 없는 아이들을 열심히 살지 않고, 미래에 대한 생각이나 목표가 없는 아이라고 여기는 사회 분위기 때문이라고 생각합니다. 육아 서적을 보거나 강의를 들어보면 우리 아이를 잘 키우기 위해서는 '목표'를 정해주어야 아이들이 꿈을 위해서 열심히 노력할 수 있다는 정보가 들립니다. 진로 수업에서는 '미래 명함'을 만들고, 어른들도 아이들과 조금이라도 진지한 대화를 하고 싶은 마음이 들 때면 "너는 꿈이 뭐니?" 하고 꼭 물어봅니다. 아이들은 어릴 때부터 꿈을 정해두는 것이 당연하고, 꿈을 정하지 못한 아이는 결국 방황하며 살 것 같은 막연한 분위기도 조성됩니다.

아이의 꿈을 존중해주고 싶다고 하는 부모님들도 있습니다. 우리 아이 꿈이 의사, 판사, 선생님일 때에는 괜찮습니다. 그런데 아이가 갑자기 BJ, 연예인, 프로게이머를 꿈꾸기 시작하면 꿈을 바꾸어주고 싶은 마음이 생깁니다. 그러면 어른들은 이야기합니다. "야, 연예인? 좀 더 생각해봐."

아이들은 알고 있는 범위 안에서, 어느 정도 할 수 있다는 생각이 들면서도 가장 멋진 것 같은 직업을 선택했을 뿐입니다. 잘할 수 있는 놀이가 축구나 게임인 아이들은 축구선수, 프로게이머가 꿈입니다. 또 주로 접하는 매체가 TV일 때에는 가수나 연예인이 많아지고, 인터넷이나 개인 방송이 하나의 문화로 자리를 잡은 요즘은 'BJ'나 '뷰티 유튜버'라는 새로운 장래희망을 말하기도 합니다.

그렇기 때문에 육아 서적이나 강의에서 다양한 경험을 통해 아이들이 많은 직업을 접해보도록 하는 것이 중요하다고 말하는 것입니다. 연예인이나 축구선수 말고 더 많은 직업을 알 수 있어야 선택할 수 있는 범위가 넓어지기 때문입니다.

미래에는 그 직업이 존재하지 않을 수도 있다

그런데 직업을 접해보는 것보다 더 중요한 것이 있습니다. 우리 아이가 지금 아무리 많은 직업을 접해본다고 해도 15년 뒤, 20년 뒤에 그 직업이 유망할지 혹은 직업이 존재는 하고 있을지조차 모른다는 것입니다. 《유엔미래보고서》에서는 2030년이 되면 현재 직업의 80%가 사라진다고 합니다. 심지어 의사, 변호사, 세무사 등 전문직까지 포함한 상당수의 직업이 사라지게 될 것으로 예상합니다. 2030년이면 지금 초등학교 5~6학년 아이들이 대학을 졸업하고 사회로 나가기 시작할 시기입니다. 심지어 저명한 미래학자이자 다빈치연구소 소장인 토머스 프레이(Thomas Frey)는 10년 후의 일자리 중 60%는 아직 탄생하지도 않았다고 말합니다. 우리 아이들이 현재에는 예측할 수도 없는 직업을 가지게 될 가능성이 있다는 것입니다.

우리 아이들이 어른이 되었을 때 잘 살 수 있도록 준비시켜주고 싶은데 당장 10년 후의 모습을 상상하기도 어렵습니다. 어느 학자는 인구가 급격히 줄어들 것이기 때문에 일자리 걱정은 하지 않아도 된다고 말하고, 또 어떤 학자는 기계로 많은 것들이 대체되기 때문에 사람이 설 자리가 부족해질 것이라고 말합니다.

이렇다 할 답이 없으니 일단 공부부터 시켜야 될 것 같기도 합니다. 초등학교 6년, 중학교 3년, 고등학교 3년, 정규과정으로만 최소 12년을 공부시켜 대학에 보냅니다. 힘들게 뒷바라지해서 이제 좀 끝나나 했는데 아이는 또 취업을 위해 자격증을 따고 스펙을 쌓아야 한답니다. 회사에 지원은 하고 있는 것 같은데 시간이 흘러도 소식이 없으면 엄마는 마음이 괜히 급해집니다. 아이에게 스트레스를 줄까 봐 참다가 어느 날 "너 취업 준비를 하고는 있는 거니? 그렇게 해서 결혼은 또 언제 할 거냐?"라고 묻습니다. 그러면 아이는 이렇게 대답합니다. "도대체 엄마가 나한테 해준 게 뭔데!"

'그러면 우리 부모와 교사는 아이들을 위해서 무엇을 준비해주어야 할까?' 하는 고민이 생깁니다.

무엇보다 중요한 것은 우리 아이가 '직업'이 아닌 진짜 '꿈'과 '목표'를 가질 수 있는 방법을 알려주는 것입니다. 삶의 의미와 가치관을 찾아주는 것이 아니라 찾을 수 있는 능력을 키워주는 것이지요. 그래야 당장에는 꿈이 없어도 시간이 흐르면서 스스로 삶을 고민하고, 꿈이라고 생각했던 직업이 없어진다 하더라도 더 나은 성장을 위해 노력할 수 있습니다. 그런데 너무 막연합니다. 초등학생, 중학생한테 인생의 목표와 의미를 어떻게 찾아줘야 하는지, 찾을 수 있게 도와줄 수는 있을지.

부모님과의 대화가 꿈을 찾을 수 있게 도와준다

당장 오늘부터 시작할 수 있는 좋은 방법이 하나 있습니다. 삶의 의미니 철학이니 하는 것이 아니라 작은 대화부터 시작하는 것이기 때문에 어렵지 않습니다. 바로 아이들과 사회에 대한 이야기를 하는 것입니다.

요즘 아이들은 핸드폰을 하다가 포털 사이트만 누르면 제목으로라도 기사를 접할 수 있기 때문에 사회 문제에 대해서 어른들이 생각하는 것보다 많이 알고 있습니다. 그렇지 않은 아이라고 해도 저녁 시간에 가족들과 밥 먹으면서 뉴스를 보며 이야기를 나눌 수 있습니다. 예를 들면 이런 것입니다.

"이번에 일어난 저 사건 말이야, 엄마는 정말 잔인하고 무서웠는데 범인은 감옥에 5년만 있으면 된대."

"왜요?"

"법이 그렇대. 엄마가 저 피해를 받은 가족이라면, 어휴 진짜 속상하겠다. 너는 어떻게 생각해?"

"엄마, 그런데 법을 바꾸면 안 돼요? 그거 몇 년 감옥에 있으라고 말하는 사람이 판사 맞아요? 억울한 사람을 도와주는 건 누구예요?"

아이는 부모님과 이야기하다가 억울한 사람의 이야기를 대신해줄 수 있는 사람, 세상을 정의롭게 하는 사람이 되고 싶은 마음이 듭니다. 목표의식이 생깁니다. 누가 시켜서 억지로 하는 것이 아니라 스스로 하고 싶은 마음이 생겼으니 진짜 자기 목표입니다. 그러면 부모님은 그 방법 중 하나로 판사나 검사, 변호사, 국회의원이 있다고 알려주면 됩니다. 그냥 "너는 변호사가 돼야 해"라고 꿈을 정해주는 것과는 엄청난 차이입니다.

아이들 꿈 중에는 과학자도 많습니다. 그러면 뉴스를 보다가 "이번에 알파고가 이세돌 9단을 이겼대. 아빠는 나중에 로봇이 사람보다 더 많은 일을 하고 힘이 더 세어질까 봐 좀 무섭기도 하고 걱정도 된다. 넌 어떻게 생각해?"라고 물어보면 됩니다. 그러면 아이는 그냥 과학자가 아니라 '로봇을 잘 만들고 잘 다루기도 하는 사람이 필요하겠다'라는 생각을 할 수 있습니다. 실제로 알파고 이야기를 하던 5학년 아이와 이야기한 내용입니다. 과학자에서 로봇공학자로 꿈이 구체화가 되는 것이지요.

"이렇게 우리는 먹을 것도 많고 아프면 병원에 갈 수 있는데, 예멘이라는 나라에서는 콜레라 때문에 이번에 1천 500명이나 아이들이 죽었대. 정말 마음 아프다"라고 말하면서 대화를 나눕니다. 그러면 단지 멋진 직업이라는 이유로 약사, 의사를 장래희망 칸에 적는 수준을 뛰어넘습니다. 아이는 부모님과 함께 다른 나라에 줄 수 있는 약을 개발하는 사람, 약을 짓는 약사, 돈을 많이 벌어서 그 나라에 약을 보내줄 수 있는 사업가, 그 나라에 직접 가서 치료해줄 수 있는 의사 등등을 이야기합니다.

또 다른 뉴스를 보면서 "그런데 요즘 의사가 하는 일을 대신 하는 로봇을 개발해서 우리나라 병원에도 있대"라고 말하면서 대화를 시작하면 아이는 '그러면 로봇까지 잘 아는 의사가 되어야겠네?' 또는 '수술 로봇이 도와주지 못하는 환자들이 슬플 때 이야기 들어주는 의사가 되어야겠다' 이런 생각들을 할 수 있습니다.

아이의 꿈이 구체적으로 생기기 시작하면 '아, 의사가 되려면 수학을 잘해야 하는구나. 외국인을 도와주려면 일단 영어도 잘 알아야지' 하면서 공부와도 연결시킬 수 있는 것입니다. 막연하게 멋진 직업을 꿈으로 정하고, 또는 누군가 정해주는 직업을 위해서 공부하는 아이들과 스스로 하고 싶은 일이 생겨서 공부하는 아이들은 당연히 태도부터 다릅니다.

미래를 살아갈 우리 아이들을 위해 지금 어른들이 해줄 수 있는 일은 꿈을 정해주는 것이 아니라 꿈을 찾아가는 능력을 키워주는 것입니다.

공부머리보다 마음을 먼저 살핀다

남에게 무시당하고 비판받았을 때 꼭 마음 상할 필요는 없다.
상처를 입히는 건 상대방이 아니라 무시하지 못하는 내 감정이다.
– 모건 프리먼(Morgan Freeman)

한 학부모님이 감정에 대한 이야기를 하다가 조심스럽게 질문을 했습니다.

"선생님, 요즘 텔레비전이나 강연 같은 데서 보면 감정이나 정서 같은 것이 좋고 미래에 필요하다고 하잖아요. 그런데 사실 우리나라 제도에서는 정서나 대인관계 같은 것보다는 좋은 대학을 가면 일단 살기 편하잖아요. 직장도 그렇고. 저는 그래서 일단 공부를 잘 시키고 싶어요."

솔직한 말씀에 감사한 마음이 들었습니다. 저도 공부는 시키지 말고 정서 능력만을 키워주자고 말하는 것은 아닙니다. 도대체 이 정서라는 것이 아이들이 생활하는 데 어떤 역할을 하는지도 모호합니다. 공부 잘하게 도와주고 싶은데, 정서 지능 같은 것은 왠지 친구들이랑 잘 지내는 능력 같아서 아이큐나 학업과는 반대의 개념같이 느껴지기도 합니다.

그런데 정서나 감정 같은 것은 학업이나 성적에 반대되는 것이 아니라 오히려 더 도움이 될 수 있습니다. 쉬운 예를 들어서 분수의 덧셈을 처음 배우는 5학년이라고 가정해봅시다. 통분을 해서 분자끼리 더해야 하는 것을 이해하는 것은 지식이 필요한 과정입니다. 처음 접하는 아이들에게는 분모끼리는 안 더하고 분자를 더하는 것도 헷갈립니다. 연습 문제를 풀면 몇 문제는 실수로 분모도 덧셈을 합니다.

헷갈리기도 하고 통분을 하는 과정이 한 번 더 있어 귀찮습니다. 집에서 학습지로 연습을 하려는데 친구들한테서 같이 놀자고 전화가 옵니다. 마침 집에는 부모님도 안 계시고 학원 갈 때까지 시간도 충분합니다. 이때 친구들과 놀고 싶어도 그 마음을 누르고 일단 해야 하는 것은 하려고 마음먹는 것이 정서의 역할입니다. 다시 공부를 시작하는데 계속 문제가 틀립니다. 답지를 베끼면 1분 안에 끝날 텐데, 그 마음을 조절하는 것 역시 정서입니다. 문장으로 되어 있는 문제는 더욱 헷갈립니다. 여러 가지 방법으로 해봐도 잘 풀리지 않습니다. 이때 인내심을 가지고 또 다른 방법으로 도전해보는 것도 정서의 역할입니다.

공부를 하는 것에만 도움이 되는 것이 아닙니다. 아이의 생활 자체에 영향을 줍니다.

"은수! 은수야, 빨리 와줘!"

여자아이들 몇 명이 모여 있다가 다급하게 은수를 부릅니다. 무슨 일이 생겼나 걱정이 되어 저도 다급하게 뛰어갔습니다. 은수에게 무슨 일인지 물어보니 은수도 어리둥절한 표정입니다. 자초지종을 들어보니, 여자아이들끼리 작은 의견 마찰이 있었는데 은수를 불렀다고 합니다. 은수가 개입되어 있지 않은 일인데도 불렀다니 처음에는 도통 이해가 되지 않았습니다. 한 아이의 말에 이해가 되었습니다. "은수가 들어주고 있으면 항상 해결이 잘돼요."

은수는 두루두루 친구들과 함께 잘 지내고, 다른 친구가 힘들어하면 쉬는 시간에 살짝 가서 그 친구에게 무슨 일인지 물어보고 다독여줍니다. 어떤 친구가 약간 불편한 부탁을 해도 기분 나쁘지 않게 거절할 줄 압니다. 성적도 상위권인데 시험지를 받아 들고 한 번도 다른 친구들 눈에 다 보일 정도로 기쁜 표정을 보이지 않고 자리에 조용히 돌아가 미소를 짓습니다. 수학 익힘책을 먼저 풀면 자리에 가만히 앉아 있다가 힘들어 보이는 친구에게 다가가 아주 살짝 물어봅니다. "혹시 내가 도와줄까?"

아이들을 한 명 한 명 보면 모두 보석같이 반짝입니다. 그런데 교실에서 여러 아이들을 보면 유난히 인기가 많은 친구가 있습니다. 은수는 친구들이 서로 놀고 싶어 하고 짝이 되고 싶어 하는 아이입니다. 은수가 친구들에게 그렇게 하듯 친구들은 은수의 말에 유난히 귀를 기울입니다.

정서 지능이 인생을 바꾼다

그렇다면 정서 지능이 도대체 어떤 것일까요? 심리학자이자 정서 지능의 개념을 전파한 《EQ 감성지능》의 저자 대니얼 골먼(Daniel Goleman)은 정서 지능의 영역을 '감정인식, 자기조절, 자기동기화, 감정이입, 대인관계 능력'으로 소개합니다.

첫 번째, 감정인식 능력은 자신의 감정을 스스로 알아차릴 수 있는 능력입니다. 감정을 인식할 수 있을 때 더 잘 조절하고 나아가서 다른 사람의 감정을 이해할 수 있습니다. 예를 들어 아이에게 어떤 일이 생겨서 아이가 울 때, 여러 가지 감정이 있을 수 있습니다. 나만 혼난 억울함일 수도 있고, 장난감을 빼앗겨 화가 났을 수도 있습니다. 형에 대한 미안함일 수도 있고 혼날 것에 대한 걱정일 수도 있습니다. 그냥 우는 것이 아니라 눈물이 나게 된 감정을 아는 능력입니다.

두 번째는 자기조절 능력입니다. 자신의 감정을 적절하게 통제하고 그 감정이 다른 사람에게 끼칠 영향을 고려하여 적절한 반응을 할 수 있는 능력을 말합니다. 동생과 싸워서 화가 났을 때, 화가 났다고 때리는 것이 아니라 그 마음을 조절할 수 있는 능력입니다.

나아가 때리는 것이 아니라 동생에게 속상함을 적절히 표현할 수 있는 능력을 말합니다.

세 번째 요소는 자기 동기화 능력입니다. 어려움을 참아내고 성취를 위하여 노력할 수 있는 능력입니다. 아이가 어떤 일에 실패했을 때 좌절하기보다는 극복하려고 노력하는 모습을 말합니다.

네 번째는 감정이입, 다른 사람의 감정을 인식하는 능력입니다. 다른 사람의 생각이나 느낌을 공감하는 능력입니다.

마지막 요인은 대인관계 능력입니다. 대인관계 능력은 복합적인 과정입니다. 다른 사람의 감정을 느끼고, 그에 대한 자신의 감정을 인식합니다. 타인과 나의 감정에 대하여 어떻게 대처해야 하는지 이해하고 실제로 행동하는 능력입니다.

스탠퍼드 대학교의 월터 미셸(Walter Mischel) 교수는 유치원생을 대상으로 실험을 했습니다. 약 650명의 아이들에게 맛있는 마시멜로를 하나 준 뒤, 일정한 시간이 지날 때까지 기다리면 하나를 더 주겠다고 약속했습니다.

15년이 흐른 뒤, 일정한 시간을 기다린 아이들은 견디지 못하고 먹었던 아이들에 비하여 성적이 높았으며 친구들과 교사들로부터 좋은 사람이라는 평가를 받고 있었습니다. 더 신기한 것이 있습니다. 45년이 지난 후, 실험에 참여했던 아이들은 중년의 나이가 되었습니다. 최근 결과를 보면 마시멜로의 유혹을 잘 견뎌낸 사람들은 가정에서나 사회에서나 성공적인 삶을 살고 있는 것으로 나타났다고 합니다.

눈앞에 놓여 있는 유혹을 이겨내는 것은 단지 아이큐가 높거나 공부만 잘한다고 해서 할 수 있는 일이 아닙니다. 감정을 조절하고 참아내는 능력은 지능이 아닌 정서의 역할입니다. 이와 같이 정서는 아이가 삶을 살아가는 동안 차이를 만들어내고 인생의 모습을 바꿀 수도 있습니다.

의미 없는 하루보다 한 시간의 좋은 경험을 만든다

당신은 다만 당신이란 이유만으로도 사랑과 존중을 받을 자격이 있다.
– 앤드루 매튜스(Andrew Matthews)

"제가 워킹맘이라서, 직장맘이라서 걱정이에요. 평소에 잘 챙겨주지도 못하고, 애가 성적이나 친구 관계나 건강 같은 거에 문제가 생기면 제가 직장 다니느라 더 못 챙겨준 탓인 것 같기도 하고요."

어머니들과 이야기를 하다 보면 걱정 가득한 얼굴로 이런 말씀을 하는 경우가 있습니다. 그 이야기를 듣는 저에게도 어머니들 마음이 전해져 더욱 안타깝고 같은 여자로서 공감이 되는 문제이기도 합니다. 그런데 연구 결과를 보면 걱정을 한시름 놓을 수 있을 것 같습니다. 미국소아과학회에서 연구한 결과 자녀의 정서는 가족의 정신이 건강한지, 부모가 아이를 충분히 사랑하고 있는지 등에 영향을 받는다고 합니다. 특히 엄마가 직장인인지 아닌지는 아이의 정서 문제에 영향을 주지 않는다고 밝혔습니다. 미국뿐 아니라 국내외의 많은 연구에서도 엄마의 직장이 자녀의 정서나 학업 문제에 직접적인 영향을 끼치는 것은 아니라는 연구 결과가 많이 나와 있습니다.

연구에서는 그렇다고 하지만 실제 어머니들 마음은 그렇지 않지요. 내 아이에게 더 잘해주고 싶은데 현실적으로 그럴 수 없으니 아이에게 미안합니다. 하루 종일 엄마가 없는 곳에서 시간을 보내고 잠들어 있는 아이의 얼굴을 보면 괜한 죄책감에 눈물이 고이는 날도 있습니다. 요즘 말로 전업맘(전업주부인 엄마)들은 아이가 학교 다녀오면 간식이라도 챙겨주는데, 내 아이는 아침에 차려놓은 식은 간식을 먹거나 밖에서 사 먹고 학원으로 바로 가야 하는 것도 미안합니다. 직장 때문에 녹색어머니도, 학교 공개 수업도 못 가고 아이가 섭섭한 마음을 꾹 참으며 "엄마는 이번에도 회사 때문에 못 와요?" 하는 날의 마음은 미안하다 못해 시리고 아픕니다.

그런데 연구 결과뿐 아니라 정말로 학교에서 아이들을 보아도 그렇습니다. 부모님들이 걱정하는 문제인 성적이 좋은 아이와 그렇지 않은 아이, 친구들과 더 잘 지내는 아이와 사회성이 부족한 아이 등에 있어서 어머니가 직장에 다닌다는 것만으로 차이가 생기는 경우는 거의 보지 못했습니다. 오로지 엄마가 직장을 다닌다는 이유로 다른 친구들보다 발달 속도가 느리거나 문제가 생기는 경우도 거의 보지 못했습니다. 엄마가 직장에 다니더라도 친구들과 잘 지내고 성적이 좋거나 정서적으로 안정된 모습을 보이는 아이는 많습니다.

엄마와 오래 함께 있는 것보다 엄마와 무엇을 하느냐가 중요하다

아이에게는 엄마와 오래 있는 것보다 함께 있는 시간에 무엇을 어떻게 하느냐가 중요합니다. 그런데 하루 종일 회사에서 일하다가 집에 와서 피곤한 엄마들에게 쉬운 일은 아닙니다. 어머니들에게 회사에서 퇴근하는 시간은 하루의 마무리가 아니라 육아와 집안일을 해야 하는 또 다른 시작입니다. 집안일부터 해서 또 아이는 하루를 잘 보냈는지 챙겨야 합니다. 퇴근해서 어질러져 있는 집을 정리하고 저녁을 차려 먹이고 설거지를 하고, 아이들 알림장 확인해서 준비물 챙기고 숙제했는지 확인하고 씻기고 재우고 나야 하루 일과가 끝납니다. 그리고 그제야 퇴근하는 기분이 듭니다. '육퇴(육아 퇴근)'라는 단어가 생길 수밖에 없는 워킹맘의 일상입니다.

할 일이 많고 몸도 마음도 지치다 보니 "준비물 챙겼어? 숙제는 다 했어? 학습지는? 학원은 잘 갔다 왔어? 오늘 시험 잘 봤어?"와 같이 일단 아이에게 꼭 필요한 대화부터 하게 됩니다. 한 번 더 기운 내서 아이 학습지라도 들여다봅니다. 그리고 틀린 문제도 체크해줍니다.

그런데 한번은 아이가 이런 이야기를 하였습니다.

"선생님, 완전 웃긴 게 뭔지 알아요? 우리 엄마는 저 학습지 했는지 안 했는지 그것만 검사하고 틀린 문제 다시 할 때 답안지 보고 가르쳐요. 그때마다 진짜 마음으로는 엄청 웃는데 혼날까 봐 안 웃어요. 엄마는 6학년 문제도 답지 보면서, 왜 나한테 그러는지 몰라요."

아이들 먹이고 입히느라 바쁜 와중에 어머니는 노력을 했습니다. 공부라도 봐주는 것이 부모의 역할인 것 같아서 눕고 싶은 마음을 떨쳐내고 책상 앞에 같이 앉은 것입니다. 그런데 다른 대화가 많이 없어 서로에 대한 이해가 없으니 아이는 엄마가 나를 위해서 애쓴다고 생각하지 못하는 안타까운 경우도 있습니다. 물론 아이의 일정이나 점수를 체크하는 것도 필요하지만 그만큼 서로의 일상을 나누고 마음을 나누는 것도 중요합니다.

사람의 뇌 구조상, 상대적으로 평범하거나 편안하게 지나가는 일상에 대한 기억보다는 나쁜 기억을 오랫동안 가지고 있는 경우가 많다고 합니다. 아이들뿐 아니라 어른도 마찬가지입니다. 남편에게 크게 섭섭했던 기억은 잘 잊히지도 않습니다. 아이들도 매일 먹이고 입히고 씻겨주는 것보다 예전에 엄마가, 아빠가 나한테 화냈던 것은 기억을 하고 있습니다. 이런 이유는 뇌에서 '기억'을 담당하는 부분들이 강한 감정에 관여하기 때문입니다. 남편에게 섭섭했던, 아빠에게 혼났던 강렬한 감정이 오래 기억에 남는 것입니다. 거꾸로 강렬한 감정을 좋은 것에서 만들면 긍정적인 기억이 오래갈 수 있다고 합니다. '퇴근 후 30분 동안 아이에게만 집중해서 땀을 뻘뻘 흘릴 만큼 놀아주라'고 하는 것도 이와 관련이 있습니다. 아이에게 강하고 좋은 기억을 만들어주라는 것입니다.

땀을 흘릴 만큼 놀아줄 나이가 지났더라도 마찬가지입니다. 길지 않은 시간일지라도 그 시간만큼은 텔레비전을 끄고 습관처럼 손에 쥐고 있는 핸드폰도 잠시 내려놓은 다음 아이와 눈을 맞추고 이야기하는 시간이 필요합니다.

아이들은 모두 대화에 목마르다

아이들이 대화에 목말라 있다는 것을 느낄 때가 많습니다. 교사도 아이들의 말을 모두 들어주고 싶지만 20명, 30명 아이들의 이야기를 모두 들어주기에는 시간이 정말 부족합니다.

저학년은 교실 문을 열자마자 "선생님 어제 제가 할머니 집에 갔다 왔는데요"부터 시작해서 어제 엄마랑 아빠가 마이너스 통장 때문에 부부싸움을 해서 힘들었다는 이야기, 집에 화장실 페인트가 약간 벗겨져 다음 주에 공사하기로 했다는 이야기, 아빠가 운전하다가 다른 차 아저씨랑 싸울 뻔했다가 엄마한테 혼난(?) 이야기까지 합니다.

고학년은 대화의 내용이 조금 다를 뿐입니다. 여자아이들도 남자아이들도 쉬는 시간에 슬쩍 다가옵니다. 어제 학원에서 여친이랑 같이 앉아서 공부한 이야기, 옆 반 누구를 좋아하는데 너무 잘생겨

인기가 많아서 고민이 된다는 이야기, 어제 엄마랑 누나랑 싸웠는데 중딩밖에 안 됐으면서 왜 화장을 하는지 이해가 안 된다는 이야기, 게임 렙업(레벨업)하려고 이불 뒤집어쓰고 몰폰(부모님 몰래하는 핸드폰) 한 이야기 등등.

"준비물 챙겼어?" "숙제는 다 했어?" "학습지는?" "학원은 잘 갔다 왔어?" "오늘 시험 잘 봤어?"를 대신할 수 있는 말들이 있습니다.

"오늘 하루 있었던 일 중에 어떤 점이 제일 좋았니?" "학교에서 누구랑 있을 때 제일 기분 좋니?" "그 친구 어떤 점이 너를 기분 좋게 하니?" "오늘 학교에서 흥미로운 일이 있었니?" "쉬는 시간에는 뭐 하고 놀았어?" "만약에 짝을 바꾼다면 누구랑 하고 싶어?"

바로 이런 말들입니다.

우리 아이 자존감 알림장

아이와 대화를 하고 싶을 때에는 '미러링'을 사용하세요

'미러링'은 대화하다가 잔소리하고 싶고, 가르치고 싶은 마음이 불쑥불쑥 튀어나올 때, 더 이상 말을 이어가기 어색하고 어려울 때 유용한 기술입니다.
"엄마, 오늘 선생님한테 우리 반 혼났는데……"로 아이가 말을 꺼내면 잔소리를 하고 싶은 마음이 듭니다. 책이나 텔레비전에서 육아 전문가들이 대화에서 잔소리를 빼라고 한 것을 기억하고 한 번 꾹 참았는데 그러다 보니 "아, 그래?"와 같이 똑같은 말을 반복하게 되거나 할 말이 없어지기도 합니다. 그럴 때 사용할 수 있는 방법이 바로 '미러링'입니다. 거울처럼 똑같이 말을 따라 한다는 의미입니다.

"엄마, 오늘 선생님한테 우리 반 혼났어요" 하면 "헉. 선생님한테 혼났어?"처럼 아이의 말 뒤를 똑같이 받아줍니다. 그러면 아이가 "네, 형식이가 수아를 놀렸거든요, 그래서 그다음에" 하면서 대화가 이어지게 됩니다.

칭찬의 기술을 현명하게 사용한다

자신의 몸, 정신, 영혼에 대한 자신감이야말로 새로운 모험, 새로운 성장 방향, 새로운 교훈을 계속 찾아 나서게 하는 원동력이며, 바로 이것이 인생이다.
– 오프라 윈프리(Oprah Winfrey)

다정이는 팔방미인입니다. 학급 반장으로 차분하게 자기 할 일을 알아서 하며 남자, 여자 친구 할 것 없이 모든 친구들과도 잘 지냅니다. 피아노를 잘 쳐서 학교 행사의 반주는 도맡아 하고 학예회 때에는 다정이가 중심이 되어 무용 작품이 나옵니다. 게다가 공부까지 잘하고 열심히 합니다. 학원을 다녀오면 친구들하고 놀거나 핸드폰이 하고 싶을 법도 한데 무조건 정해진 분량의 학습지는 끝내고 논다고 하니 나무랄 데가 없습니다. 어머니는 다정이에게 "아휴, 우리 딸 최고다. 누굴 닮아서 이렇게 똑똑하냐! 예뻐 죽겠네"처럼 칭찬을 아끼지 않고 키웠습니다.

그런데 다정이가 6학년이 되면서부터 다정이 어머니에겐 고민이 생겼습니다. 다른 엄마들이 모두 다정이를 부러워해도 항상 공부에서 1등은 다른 친구입니다. 다 잘하고 있는 아이에게 너무 욕심을 부리는 것은 아닌가 하는 생각이 들다가도, 다정이가 왜 공부에서 1등은 못 하는지 궁금하고 조금만 더 하면 될 것 같다는 생각이 들었습니다. 딸의 성향이 학원과 맞지 않을 수도 있다는 생각에 학원을 끊고 과외로 바꾸어보아도 시험은 100점이 아닌 93점, 경시대회는 금상이 아닌 동상입니다. 틀린 한두 문제에 대해서 은근히 야단도 쳐보고 100점 받으면 용돈을 올려주겠다고 해봐도 달라지는 것은 없습니다.

담답해진 다정이 어머니는 학부모 상담주간에 담임선생님을 찾아가서 고민을 털어놓았습니다.

담임선생님은 조심스럽게 말씀하셨습니다.

"저, 어머님. 제가 지켜봤더니, 다정이가 난이도가 있는 문제나 창의적인 문제는 피하려는 경향이 있어요."

알고 보니 다정이는 어려운 문제를 틀리기라도 했을 때 친구들이나 선생님, 부모님에게 더 이상 "똑똑하다! 역시, 박다정!"이라는 말을 듣지 못할 것이 걱정되었던 모양입니다.

그래서 창의적인 문제에 뻔한 답을 하고, 난이도가 어려운 문제를 풀어내지 못하고 실수라도 하면 여태 노력하여 쌓아놓은 좋은 이미지가 무너질까 봐 언젠가부터 고난도 문제는 피해왔던 것입니다. '똑똑하다, 최고다'라는 칭찬을 하면 더 열심히 할 줄 알았는데 오히려 어려운 문제를 피하게 된 것이지요.

다정이뿐 아니라 학교에서 종종 볼 수 있는 경우입니다. 중요한 시험이나 특별한 활동을 할 때 교사나 친구들에게 "아, 나 아파서 오늘 잘 못 할 것 같아" 하고 말하기도 합니다. 그렇게 해두어야 생각보다 결과가 잘 나오지 않아도 핑계를 댈 수 있기 때문입니다.

'잘한다'는 칭찬이 독이 되는 순간

쉽게 점수로 예를 들어보겠습니다. 평균 90점 정도에서 100점까지 올라가려면 맞추어야 하는 두세 문제는 조금 난이도가 있는 문제입니다, '잘한다'는 말에 익숙한 아이들은 틀리는 것이 두려워 그 난이도에 도전하기를 꺼릴 수밖에 없습니다. 100점까지 올라갈 기회 자체를 잃어버리는 상황입니다.

실제로 몇 년 전에 EBS에서 방영된 다큐 프로그램에서도 비슷한 내용을 다루었습니다. 아이들을 두 그룹으로 나누었습니다. 그리고 문제를 푸는 동안 한 그룹에게는 "잘한다. 머리가 좋네. 네가 최고다"와 같은 칭찬을 하였고 또 다른 그룹에게는 "어려운 문제인데도 끝까지 노력하는구나. 중간에 어려운 문제도 있었는데 침착하게 푸네"와 같은 칭찬을 하였습니다.

그리고 두 번째 문제를 풀기 전, 아이들에게 선택의 기회를 줍니다. 처음과 비슷한 난이도의 문제와, 어렵지만 새로운 것을 배울 수 있는 문제, 두 가지를 보여줍니다. 그랬더니 '잘했다'는 칭찬을 들은 아이들은 대부분은 비슷한 문제를 선택하였고, '노력한다'는 칭찬을 들은 아이들은 거의 어려운 문제를 선택하였습니다.

스탠퍼드 대학교 심리학과 캐럴 드웩(Carol Dweck) 교수는 똑똑하다거나 천재라고 칭찬을 했을 때 아이들에게 압박이 가해진다고 설명합니다, 칭찬을 해준 사람이 다시 와서 '아, 지금 보니 그렇게 천재는 아니었구나' 하는 생각을 할 것만 같은 기분이 들 수 있다는 것입니다. 또 칭찬에 익숙해진 사람들은 차라리 열심히 하지 않고 좋지 않은 결과를 받은 다음에 다른 사람들로부터 "저 사람은 천재인데 열심히 하지 않아서 그런 거야. 열심히 하면 잘할 거야"라는 평가를 받으려 한다고 말합니다.

어른들도 평가에 영향을 받습니다. 예를 들어 직장 상사에게 "은혜 씨는 일 잘하는 사람이야"라고 칭찬을 들으면 처음에는 기분이 좋을 것입니다. 그런데 일을 할 때마다 "역시 은혜 씨는 최고야. 일머리 하나는 기가 막힌다니까"라는 말을 하면 좋게 들리지만은 않습니다. '매번 나를 평가하고 있는 건가? 일은 잘하고 다른 것은 못한다는 뜻인가? 아니면 나한테 또 일을 시키려고 저러나?' 하는 생각이 들거나 앞으로 해야 할 다른 일에 대한 압박으로 느껴지기도 하겠지요. 어른도 그러는데 하물며 아이들은 어떨까요. 어른들에게 인정받고 싶은 아이들은 더 많은 영향을 받을 것입니다.

아이의 어떤 점을 칭찬해야 할까?

무엇보다 아이들의 재능, 똑똑함, 결과 등이 아니라 과정, 노력을 칭찬해야 합니다. 앞의 실험에서 "어려운 문제도 노력해서 풀었네"라는 칭찬을 받은 아이들은 또 어려운 문제에 도전하려고 합니다. 학교에서 보아도 큰 차이가 납니다. "오, 똑똑한데?" 하는 칭찬을 듣는 아이들은 다른 친구들보다 빨리 끝내고 친구들에게 "나는 다 했는데" 하고 말하며 잘난 척을 하는 경우도 있습니다.

그런데 아직 우리 어른들은 칭찬을 하려고 마음먹으면 습관처럼 '똑똑하다, 대단하다'가 나오는 경우가 많습니다. 어른들 입장에서는 아이가 중간에 칭찬 한번 받으면 더 열심히 할 것 같아서, 아이가 잘 안될 때 기죽게 하지 않으려고 좋은 의도로 하는 말이지요.

결과보다는 과정, 노력에 대해 칭찬해야 합니다. 구구단을 외우는 아이에게 "수학 천재네. 우리 아들 역시 똑똑하네"보다는 "8단이 어려운데 노력해서 외우네!"와 같이 말해주세요.

아이가 무엇인가를 열심히 하고 있을 때 습관적으로 "아, 똑똑하다! 역시 잘한다!"라는 말이 나오려고 한다면, 과정에 대한 칭찬이 아직은 어색하다면, 아무 말도 하지 않은 채 관심을 가지고 바라만 보는 것으로도 충분하다고 미국의 교육심리학자 알피 콘(Alfie Kohn) 교수는 말합니다.

우리 아이 자존감 알림장

아이의 자존감을 키워주려면 이렇게 칭찬하세요

■ 이렇게 하지 마세요!

"어머, 우리 수홍이는 어려운 영어 단어도 척척 외우네? 정말 잘한다, 영어 천재인가 봐!"

결과에 대한 칭찬을 습관처럼 받아온 아이들은 '문제가 어렵다=나는 똑똑한 아이가 아니다'로 인식하게 됩니다. 즉 문제를 풀어내지 못하면 나는 사랑하는 아빠와 엄마, 선생님의 기대를 만족시키지 못하는 아이가 된다고 여겨 어려운 일에 도전하는 것을 기피하게 됩니다.

■ 이렇게 해보세요!

"와, 우리 수홍이가 지난번에는 포기했던 문제를 풀어보고 있네? 완전 집념의 사나이인데? 정말 멋지다!"

과정에 대한 칭찬을 받는 아이들은 '문제가 어렵다=더욱더 노력해야 한다' 혹은 '실패한 일=한 번 더 도전해볼 만한 일'로 연결합니다. 노력하면 해결될 일이니 더 열심히 하면 되겠지요! 혹여나 실패한다고 해도 무엇인가 배운 경험으로 남게 되는 것입니다.

아이에게 성공과 실패를 모두 경험하게 한다

틀릴 기회를 절대 포기하지 마라. 그러면 삶에서 새로운 것을 배워
전진할 수 있는 능력을 상실하게 되기 때문이다.
– 데이비드 번스(David D. Burns)

'헬리콥터 맘'이라는 단어를 들어보셨나요? 교육과 관련된 문제 등 자녀의 일에 지나치게 관여하는 엄마를 헬리콥터 맘이라고 합니다. 평생 헬리콥터처럼 자녀의 주변을 빙빙 돌면서 과잉보호하는 엄마를 의미하는 신조어입니다. 그 정도는 아니더라도 내 아이가 보다 좋은 환경에서 보다 좋은 교육을 받을 수 있게 해주고 싶은 부모님 마음은 한편으로는 당연하다는 생각도 듭니다.

내 아이 기가 죽을까 봐, 아이가 좌절하게 될까 봐, 다른 것에는 신경 쓰지 않고 공부만 하게 해주고 싶어서, 소중한 내 아이가 좋은 것만 보고 좋은 것만 느끼고 자라면 좋겠어서, 실패를 하면 마음 아파하고 힘들어할까 봐 대신 해주고 싶은 그 마음을 이해합니다.

그런데 우리 아이들이 삶을 사는 과정에서 실패가 단 한 번도 없을 수는 없습니다. 아이가 유치원을 가거나 학교에 들어가면 지금까지 모든 것을 해주던 부모님을 떠나 자기 힘으로 살아가는 연습을 하기 시작합니다. 청소년기가 되고 성장할수록 공부에, 교우 관계에, 심지어 연애 등에 이르기까지 더 많은 일에 시행착오를 겪게 됩니다. 이미 겪어본 부모님들은 더 쉽고 빠른 방법을 알려주고 이 힘든 과정을 대신 해주고 싶을 것입니다.

부모님이 대신 해주면 일이 빨리 해결되고 부모님 보기에도 걱정이 덜합니다. 그런데 아이가 자랄 때 작은 실수나 사소한 사건부터 실패를 막아주고 대신 해결해주면 우리 아이가 실패를 극복하는 과정을 배우지 못하게 됩니다. 그렇게 자라서 어른이 되었을 때 커다란 실패를 만나면 당황하고 좌절하게 될 것입니다. 그리고 안타깝게도 그때에 이르면 더 이상 선생님이나 엄마가 도와줄 수 있는 문제가 아닐 것입니다.

학교에서 보면, 실패할까 봐 도전 자체를 피하는 아이들이 있습니다. 마음속으로는 해보고 싶기도 한데 실패할까 봐, 완벽하게 해내지 못할까 봐, 또 실수했을 때 친구들이 웃을까 봐, 엄마한테 혼날까 봐 겁나서 시도 자체를 하지 않습니다. 실수나 실패를 해본 적이 거의 없으니, 그것이 두려워서 더 나은 성장을 위한 시도는 해보지도 않는 것입니다. 그리고 놀랍게도 아이가 스스로 이렇게 말하기도 합니다.

“선생님, 다른 친구들은 다 하는데 저는 못해요. 저는 자신감이 부족한 사람이라서 그렇대요.” 스스로 ‘나는 부족한 사람’이라는 생각을 하는 것입니다.

실패의 경험을 통해 배우게 돕기

아이들이 자랄 때 해주어야 하는 일은 실패를 막아주는 것이 아닙니다. 작은 실패부터 아이가 좌절했을 때 다시 일어설 수 있는 방법을 알려주는 것입니다. 아이가 어떤 일을 제대로 하지 못했을 때 “그러니까 엄마가 뭐라 그랬어. 그렇게 하는 거 아니라고 몇 번을 말해. 진작 엄마 말 들었어야지. 가져와, 엄마가 해줄게” 하고 말할 것이 아니라 ‘올 것이 왔구나. 자, 이제 이겨내는 방법을 알려주자’ 하는 생각이 필요합니다.

아이들은 자기가 한 실수나 실패를 받아들이기 힘들어합니다. 아이는 누구보다 스스로 잘하고 싶은 마음이 큽니다. 그 마음이 큰 만큼 잘 안되면 포기하고 싶은 마음도 들 것입니다. 특히 ‘대단하다, 똑똑하다’라는 칭찬을 꼭 받고 싶어 하는 아이나 경쟁심이 많은 아이 등 실패를 유난히 두려워하고 걱정하는 아이들은 많이 괴로워합니다. 이때, “괜찮아, 실패는 누구나 하는 거야. 중요한 것은 이 실패를 통해 포기하는 사람이 아니라 네가 더 멋진 사람이 되는 거야”와 같이 말해서 실패가 완전히 끝난 것이나 완전히 잘못한 것이 아니라는 것을 알려주세요.

기다리고 다독여주면서 아이가 다시 한 번 시도해볼 수 있게 힘을 실어주는 부모님의 태도가 아이에게는 더 필요합니다. “엄마 말대로 해” 또는 “아빠가 해줄게”가 아니라 “아빠 생각에는 이런 방법도 있는 것 같은데, 우리 혜림이는 어떻게 생각해?”와 같이 스스로 이겨낼 수 있도록 원인을 분석해보거나 기존 계획을 조금 조정하도록 도와주세요.

이렇게 실패의 경험을 통해서 이겨내는 방법을 배우고, 실패해도 끝이 아니라 다시 할 수도 있다는 것을 배우는 것입니다. 여기에는 실패뿐 아니라 성공의 경험도 중요합니다.

아이가 몇 번 작은 것에 성공을 합니다. 그러면 ‘어, 내가 시도해보고 노력해보니까 되네’ 하는 자신감이 생깁니다. 성공한 경험이 있으면 그다음에 조금 더 어렵고 새로운 일이 생겨도 또 노력할 수 있습니다. 일상생활의 일이든 학습이든 마찬가지입니다.

아이가 할 수 있는 수준의 과제 부여하기

일상생활에서 아이가 주체가 되어 도전할 수 있는 적절한 수준의 과제를 부여해주어야 합니다. 4학년 아이가 혼자서 옷을 입었다고 해서 도전에 성공했다고 말하지는 않습니다. 자녀가 혼자서 당연하게 할 수 있는 일은 스스로도 ‘성공’이라고 생각하지 않을 것입니다. 그렇다고 혼자서 가족들의 저녁 식사를 완벽하게 준비하는 것과 같이 아주 어려운 과제에 갑자기 도전하는 것도 성공의 가능성에서 멀어집니다. 그 나이에 적합한, 또 그 아이의 특성에 적합한 도전 과제 수준이 있을 것입니다.

공부도 마찬가지입니다. 예를 들어 아이가 두 자리 수의 덧셈을 배웠습니다. 계산에 익숙해지면 문장으로 된 문제를 풀어보거나 두 자리 수 뺄셈에 도전할 수 있는 적절한 수준의 과제가 필요합니다. 처음에는 어려워 보여도, 계산 원리가 비슷하기 때문에 조금 더 시도해볼 수 있도록 격려해주거나 약간의 도움을 주면 성공합니다. 그러면 아이에게 '공부가 처음에는 어려워 보여도 해보면 되는 것'이라는 마음이 생깁니다. 그런데 이 아이가 계속해서 똑같은 덧셈만을 반복하면 성공했다고 생각하지 않을 것입니다. 또 덧셈에 성공했다고 해서 갑자기 어려운 곱셈을 시키면 오히려 실패하게 되어 자신감이 떨어지고 '공부는 어려운 것'이라는 마음이 생길 것입니다.

아주 어린 아이라면 혼자 단추 잠그는 것부터 시도해볼 수 있습니다. 다른 곳에 끼울 수도 있고 손을 꼼지락거리며 시간이 늦어질 수도 있습니다. 그럴 때 답답하니까 부모님이 전부 해주는 것이 아니라 할 수 있을 때까지 약간 도움을 주거나 기다려주는 것이 필요합니다. 처음 해볼 때에는 실수할까 봐 걱정이 되기도 하고, 너무 작은 과제라서 아무렇지 않게 시작할 수 있지만 이런 일들이 쌓여 점차 스스로 할 수 있는 일들이 많아지게 됩니다.

여기에 성공했을 때 노력과 과정에 대한 부모님의 칭찬까지 곁

들인다면 아이의 자신감은 더욱 올라갈 것입니다.

이처럼 아이들은 작은 일부터 스스로 해보고 성취감을 느낄 수 있습니다. 성취의 기쁨을 느끼고 '내가 어떤 일을 하면 잘되더라' 하는 자신감이 생깁니다. 작은 성공을 경험하는 것이 점차 더 크고 어려운 일에 도전할 수 있게 하는 밑거름이 됩니다.

우리 아이 자존감 알림장

아이가 도전에 실패했을 때에는 이렇게 말해주세요

■ 이렇게 하지 마세요!

"그렇게 하는 거 아니라고 했잖아. 진작 엄마 말 들었어야지. 엄마가 해줄게."

아이의 실패를 나무라지 마세요. 대신 해주지도 마세요. 엄마의 그런 반응에 아이는 '나는 부족한 사람'이라는 생각을 하게 됩니다. 아이가 실패하면 "괜찮아, 누구나 실패는 하는 거야. 중요한 것은 포기하지 말고 계속 도전할 수 있는 용기야"와 같이 말해서 실패가 완전히 끝난 것이나 잘못한 것이 아니라는 것을 알려주세요.

■ 이렇게 해보세요!

"엄마 생각에는 이런 방법도 있는 것 같은데, 우리 선아는 어떻게 생각해?"

아이가 실패했을 때에는 스스로 이겨낼 수 있도록 원인을 분석해보거나 기존 계획을 조금 조정하도록 도와주는 것이 좋습니다. 아이는 실패의 경험을 통해 이겨내는 방법을 배우고, 실패해도 끝이 아니라 다시 할 수 있다는 것을 배웁니다. 답답하다고 해서 부모님이 전부 해줄 것이 아니라 할 수 있을 때까지 약간 도움을 주거나 기다려주어야 합니다. 처음 해볼 때에는 실수할까 봐 걱정이 되기도 하지만 작은 성공이 쌓여 점차 스스로 할 수 있는 일들이 많아집니다.

4장

04

자존감이 바로 서야 공부머리가 성장한다

지친 아이를 일으켜 세우는 힘

낮은 자존감은 계속 브레이크를 밟으며 운전하는 것과 같다.
– 맥스웰 말츠(Maxwell Maltz)

"그래서요, 선생님. 요즘 텔레비전이나 아이 키우는 강의 같은 데 가면 이야기하는 게 인성에 관련된 내용이 많잖아요. 친구들과 잘 지내게 하고 감정도 중요하고 여러 가지 경험도 하게 하면서 키우는 거, 틀린 말씀은 아닌데 솔직히 저는 공부부터 시켜야겠어요. 지금부터 다져놓아야 중학교, 고등학교 가서도 잘하고, 그래야 그나마 좋은 대학도 가고 잘 살 수 있죠."

아이의 삶에서 공부를 완전히 배제하고 키우는 것은 현실적으로 어렵다는 생각이 듭니다. "입시 제도는 자꾸 바뀌는 것 같고 미래는 예측할 수가 없다고 하고, 더 불안하니까 공부를 일단 시켜놓는 것이 제일 안전하다"라고 말씀하시는 부모님들 마음에 공감합니다. 다만 아이들 마음이 다치고 인성이 무너지는 것을 못 본 척하고 공부만 시키지는 말자는 이야기입니다. 아이들의 마음이 단단해지게 챙겨주면서 성장할 수 있도록 도와줄 때 공부는 자연스럽게 삶의 한 과정이 될 수 있는 것입니다.

아이가 친구랑 싸우고 돌아와 슬픔, 소외감, 묘한 경쟁심 같은 알 수 없는 감정에 괴로워할 때 아이의 마음에 공감해주고 감정을 다룰 수 있는 방법을 알려주시나요? 아니면 "어머, 너희 반 애들 왜 그러니? 걔들이 이상한 거야. 그래도 친구들이랑 사이좋게 지내야지, 싸우면 되니? 아, 벌써 학원 갈 시간이다, 어서 학원 다녀와" 하고 해야 할 일을 말씀하시나요?

아이의 하루 일과도 아이의 마음도 당연히 삶의 중요한 부분입니다. 그런데 우리 어른들 눈에는 아이 마음은 보이지 않고 학원에는 갔다 왔는지, 숙제는 했는지, 시험은 몇 점인지가 더 잘 보입니다. 그렇기 때문에 어른들은 가끔 보이는 것만을 챙겨주고도 하루 일과를 잘 보내게 했다는 생각을 합니다.

내 마음이 존중받고 있다는 자존감

그런데 아이는 해야 하는 일을 알려주는 것보다 마음을 안정시키고 이런 상황에서 어떻게 행동할지를 배우는 것이 더 필요할 때가 있습니다. 그러지 않으면 마음의 앙금이 다 사라지지 않고 또 어떻게 해야 하는지 잘 모르기 때문에 다음 날 학교에서 더 큰 일이 생기는 경우도 있습니다.

다음 날 등교하여 그 친구와 마주칩니다. 어제 다투고 하루 종일 그 친구와 대화를 하지 않았는데 어떻게 해야 할지도 모르겠고, 괜히 얼굴을 보니 또 화가 나는 마음이 울컥 올라와 짜증이 납니다. 나는 다시 화가 나는데 저 친구는 얄밉게 다른 친구들과 너무 신나게 시간을 보내고 선생님께 칭찬까지 받습니다. 아이는 괜히 우울하고 짜증이 나고 다 원망스럽습니다. 무엇인지도 모를 이상한 감정 때문에 짝에게 심통을 부리다가 또 선생님에게 혼이 납니다.

아이는 여러 가지 감정이 생기는데 이를 꾹꾹 누르고 있는 셈입니다. 없어진 것이 아니지요. 방법을 알면 시도라도 해볼 텐데, 방법을 모르니 선생님이 불러서 억지로 화해시킬 때까지 할 수 있는 것이 없습니다. '내 마음은, 나는 존중받고 있다' 또는 '내가 무언가를 해볼 수 있겠구나'라는 마음이 생기지 않습니다. 나는 존중받고 있다는 느낌, 주어진 일을 내가 해낼 수 있다고 믿는 것, 이것이 바로 자존감입니다.

감정을 인식하고 조절하는 힘

아이는 지금 생기는 마음이 도대체 무슨 마음인지 모릅니다. 친구가 얄미웠다가 부러웠다가 합니다. 어제는 화가 나고 짜증이 났던 것 같은데 또 오늘은 마음이 답답하고 미묘합니다. 감정의 상태가 설명조차 할 수 없을 만큼 복잡하니 행동이 좋게 나오지만은 않습니다. 아이들의 특성마다 표출되는 방법이 다르기는 하지만 어떤 아이들은 어른들이 이해할 수 없는 행동을 하기도 합니다. 평소에는 잠잠하다가 정말 사소한 일에 갑자기 짜증을 냅니다. 특별한 이유 없이 말수가 줄어들거나 우울해하기도 하고, 착한 딸이라고 믿었는데 뒤에서 친구들 험담을 해 분쟁을 만든다는 선생님의 전화가 오기도 합니다. 말도 안 되는 고집을 피우거나 친구를 때립니다. 우리 아이가 쓸 것이라고는 상상도 못 했던 욕을 하면서 친구들을 위협하기도 합니다.

아이는 자기감정을 정확하게 구분하고 인지하기 어렵습니다. 아이가 지금 느끼고 있는 그 마음이 '질투심'이라는 것, 또 '속상함'이라는 것, 친구랑 싸우고 나면 화가 나는 마음이 들 수도 있다는 것은 어른들이 대화를 하면서 알려줄 수 있습니다. 그랬을 때 아이는 자신의 감정을 인식하게 됩니다.

그리고 "그런 마음이 생길 때 어떻게 할 수 있을까?" 하면서 함께 해결 방법을 모색할 수 있습니다. 마음 같아서는 친구에게 달려가 한 대 콱 쥐어박고 싶고 다른 친구에게 욕을 하고 싶기도 하지만 그건 안 될 것 같으니 격해진 마음을 조절해서 참아내는 능력도 생깁니다. 또 자신의 감정을 잘 아는 아이들은 다른 사람의 감정을 더 잘 이해할 수 있습니다. '내가 그때 그런 마음을 느꼈는데, 저 친구도 지금 그런 마음인가 보다' 하고 말입니다. 다른 사람의 감정을 헤아리면서 자신의 감정을 잘 표현할 수 있는 아이는 친구 관계가 좋을 수밖에 없습니다.

끝까지 해내는 힘

친구랑 싸우고 시험까지 망친 아이가 우울한 얼굴로 집에 돌아옵니다. 80점짜리 시험지를 꺼내 들고는 잔소리를 하지도 못할 만큼 우울한 표정으로 앉아 있습니다. 한참 뒤에 아이가 입을 떼서 "엄마, 나 공부 안 할래. 해도 안 되는데" 합니다.

지난번 시험에서도 80점이었습니다. 학기 초에 아이가 학교생활도 재미있게 잘하는 것 같고 욕심도 제법 생겨 공부를 해볼까 고민하기에 타이밍을 놓치지 않고 학원에 등록했습니다. 한 학기 가까이 점수 상승을 위해서 희망을 가지고 노력해왔는데 결과가 나아지지 않습니다. 아무래도 시험 직전에 친구와 심하게 다툰 것이 원인인 것 같기도 합니다.

기운이 빠진 아이는 당분간 학원을 가지 않겠다고 고집을 부립니다. 이제 막 공부를 좀 시켜보려고 했는데 아이가 절망하니 부모님도 당황스럽습니다. "공부해봤자 80점인데. 나는 해도 안 돼"라고 합니다. 아이가 어릴 때부터 사소한 일에 실패라도 해서 마음에 상처를 받을까 봐 거의 다 대신 해주고 도와줬는데, 그게 잘못되었던 것인가 하는 생각도 듭니다.

이와 반대로 역경을 극복하고 끝까지 해내려고 하는 마음의 힘이 있는 아이는 어떨까요? 80점짜리 시험지를 받아 들면 똑같이 우울하고 기운이 빠질 것입니다. 공부하기 싫고 절망스러울 수 있습니다. 부모님에게 시험지를 보여드리고 나서 긴 대화를 합니다. 지금 마음은 어떤지, 어떤 것이 제일 속상한지, 이유는 무엇일 것 같은지 이야기를 나눕니다. 한 학기 동안 노력했으니 그 실력이 갑자기 도망가지는 않을 것이라고 부모님이 말합니다. 아이는 다음 시험을 위해 한 번 더 잘 준비를 해봐야겠다는 다짐을 합니다.

시험 몇 번 치는 동안 생기는 작은 태도의 차이입니다. 공부에 대한 생각과 공부를 하는 태도는 이렇게 시간을 두고 차곡차곡 쌓여 더 굳어집니다. 그것이 어느 쪽으로 강화되느냐는 부모님이 아이를 어떻게 대하느냐에 달려 있습니다.

긍정적 정서로 부정적 정서를 제어한다

비관론자는 어떤 기회가 찾아와도 어려움만을 보고,
낙관론자는 어떤 난관이 찾아와도 기회를 바라본다.
– 윈스턴 처칠(Winston Churchill)

끝까지 해내려고 하는 힘, 감정을 인식하고 조절하는 능력, 자존감 같은 아이들 마음과 연관이 있는 것들은 도대체 공부와 어떤 관련이 있을까요?

언제인가부터 '자기주도 학습'이 각광받고 있습니다. 자기주도 학습이란 학습자 스스로가 목표를 설정하고, 그 목표를 달성하기 위한 계획을 수립한 후 학습 방법을 선택하여 공부하고 평가까지 하는 학습 방법입니다. 초등학생 아이 혼자서 이러한 과정으로 공부하기란 거의 불가능할 것입니다. 그렇다면 스스로 공부하는 것 정도의 의미로 생각해봅시다.

학교에 다녀와서 국어, 수학, 사회, 과학 학습지를 세 장씩 하기로 부모님과 약속을 했습니다. 아이는 가방을 내려놓고 혼자 앉아서 학습지를 풉니다. 학습지를 풀다 보니 뒤쪽에 심화 문제가 나옵니다. 그래도 노력하여 풉니다. 그리고 정답지를 보면서 답을 체크하고 틀린 문제는 다시 한 번 풉니다.

다시, 아이 입장에서 이야기해보겠습니다. 학교를 다녀와서 가방을 내려놓으니 푹신한 소파에 앉아 딱 20분만 텔레비전을 보고 싶은 마음이 생깁니다. 그래도 부모님이랑 학습지부터 하기로 한 약속이 생각납니다. 한 번 꾹 참습니다. 학습지를 펴니 하필이면 아이가 싫어하는 단원입니다. 왜 이렇게 귀찮은지, 마지막에 조금만 연산을 잘못해도 틀리니 신중하게 풀어야 합니다. 풀다 보니 문장으로 된 긴 문제가 나옵니다. 문제도 길고 도대체 무슨 말인지 이해가 안 됩니다. 문제 앞에 별이 세 개나 붙어 있는 것을 보니 나만 어려운 문제는 아닌가 봅니다. 그러니 별표 치고 넘어가고 싶습니다. '그래도 다시 생각해볼까, 아닌데, 이해가 도저히 안 되는데.' 머리를 쥐어짭니다.

때마침 핸드폰이 울립니다. 친구들과의 단체 채팅방입니다. "뭐해?", "지금 나랑 놀 사람?" 친구들이 만나기로 약속을 합니다. 지금 힘든데 나도 친구랑 잠깐 이야기하거나 같이 게임 딱 한 판만 하면 집중이 더 잘될 것 같은데. '안 돼, 해야 하는 거 다 하자!' 하고 세 장을 풉니다. 그리고 채점을 합니다. 아까 그 어려운 문제를 포함하여 네 문제가 틀립니다. 다시 내가 스스로 풀어볼까, 해답을 보고 이해하고 넘어갈까 고민합니다. 많은 유혹을 뿌리치고 수학을 끝냅니다. 이제 국어를 해야 하는데 핸드폰은 자꾸 새로운 메시지가 왔다고 깜빡입니다.

이렇게 긴 과정에서 '연산을 하기 위하여 3+5=8이라는 것을 아는' 것은 지식입니다. 그 외에는 마음의 힘이 필요한 과정입니다. '소파에 누워서 텔레비전 보고 싶다. 아, 그래도 할 것부터 해야지', '아, 이 단원은 더 신중하게 풀어야지', '으아 이번 문제 어렵다. 포기하고 싶다. 그래도 끝까지 한번 해보자!', '친구들한테 연락이 왔네. 나도 공부 잠깐 쉬고 놀고 싶다. 친구들 재미있겠네, 아, 나 빼고 노는 거 아닌가. 속상해. 그래도 끝까지 해야지', '헐, 네 문제나 틀렸네. 짜증 나. 답지 보고 싶다. 그래도 내가 한 번 다시 풀어봐야지', '수학 다 했다! 이제 국어 해야 하는데. 친구들한테 연락은 오고 있고, 어떻게 할까?'

정말로 공부에 필요한 생각은 단지 다른 친구들보다 수학 계산을 잘하고 영어 단어를 더 많이 외우고 있다고 해서 저절로 생기지 않습니다. 마음의 힘이 튼튼할 때 할 수 있는 생각들이지요.

부정적 정서를 제어하기 위해 필요한 건 긍정적 정서

학년이 높아질수록 부모님이나 선생님이 공부를 대신 해줄 수 없습니다. 엄마와 아빠가 함께 책을 읽고 덧셈과 뺄셈을 하는 시기에는 공부하는 과정을 지켜볼 수 있지만 아이가 클수록 쉽지 않습니다. 학교와 학원에 가서 제대로 집중을 하는지 그렇지 않은지를 매일 지켜볼 수 없습니다. 친구랑 독서실 가서 공부를 한다고 나갔는데 공부를 하는지 않아서 핸드폰을 하는지, 그것도 아니면 가방만 놓고 나와서 친구들하고 놀고 있는지 부모님들은 알 수가 없습니다. 아이가 스스로 '집중해서 공부해야지' 하고 마음을 다잡아야 합니다.

또 학년이 올라갈수록 단순한 계산이나 단편적인 지식으로 해결되지 않는 문제들이 생깁니다. 국어 지문은 왜 그렇게 길어지는지. 고작 세 문제를 풀기 위해 한 페이지에 가까운 글을 읽어야 합니다.

어렵고 그만하고 싶어도 포기하지 않고 계속 집중해서 풀릴 때까지 노력했을 때 진짜 실력이 늡니다. 이때 '아, 초조하고 안 풀리니까 속상하다. 그래도 포기하지 말자. 조금만 더 해보자' 하는 것도 마음의 힘입니다.

시험 날에는 어떨까요. 중요한 시험에 아이들은 긴장을 합니다. 실수할 것 같은 불안이나 두려움 같은 마음이 생길 수 있습니다. 어른들도 시험이나 중요한 일정을 앞두면 스스로도 모르는 사이에 심장의 박동이 빨라지거나 호흡이 빨라지기도 합니다. 아이들도 마찬가지입니다. 그런 상황에서 시험 문제에 완전히 집중하기는 힘들 수 있습니다. 불안, 두려움 같은 마음이 그대로 남아 있는 상태이니 완전히 집중이 되지 않은 채 시험을 봅니다. 그러면 알고 있는 문제인데도 실수로 틀리는 경우가 있습니다. 다시 보니 분명히 정답이 2번인데 도대체 왜 내가 3번이라고 썼는지 이해가 안 됩니다.

그렇기 때문에 불안한 마음, 걱정되는 마음 같은 부정적 정서를 조절하는 능력이 시험에도 필요한 것입니다. 부정적인 정서를 조절하기 위해서는 긍정적인 정서가 필요합니다. '아, 떨린다. 망치면 어쩌지? 아, 모르겠다'가 아니라 '그래도 한번 해보자! 할 수 있어. 나 열심히 했잖아!'와 같은 자존감, 긍정적인 마음이 필요한 결정적인 순간입니다.

저학년, 아이의 눈높이를 맞추는 것부터

스스로 자신을 존경하면 다른 사람도 그대를 존경할 것이다.
– 공자(孔子)

하루에 학습지 두 장만 풀면 되는데, 그것조차 스스로 안 하는 아이를 보면 부모님 속은 타들어갑니다. 숙제를 많이 내주는 것도 아니고, 시키면 곧잘 하는 것을 보면 아이가 머리가 나쁜 것도 아닌 것 같은데 부모님 마음처럼 따라주지 않습니다. 우선은 '그래, 저학년 때에는 공부보다는 인성과 생활습관이 중요하지' 하면서 참습니다. 그러다가 어느 날 문득 책꽂이에 꽂아둔 학습지를 꺼내 보았는데 깨끗할 때, 어쩜 이렇게 스스로는 공부하려고 하지를 않는지 속상한 마음이 듭니다. 그리고 다음 주에 있을 단원 평가가 걱정이 됩니다.

"왜 이렇게 공부를 안 해?" 하고 말하고 싶을 때

요즘 아이들은 우리 어른들이 자라온 환경보다 스스로 집중하기에 방해되는 요소가 많다는 생각이 듭니다. 굳이 나가서 만나지 않아도 손만 뻗으면 핸드폰 속에 친구들이 있습니다. 컴퓨터 켜서 클릭 한 번만 하면 하고 싶은 게임 목록이 나옵니다. 인터넷 동영상은 하나가 끝나면 또 찾아보지 않더라도 연관된 또 다른 영상으로 끊임없이 이어집니다. 지금 어른들이 어렸을 때에는 보고 싶은 만화영화를 보려면 시간에 맞춰 텔레비전을 켜서 보거나 녹화를 해서 보아야 했지만, 요즘은 하루 종일 만화영화를 방송해주는 채널도 있습니다.

이러한 상황에서 저학년 아이들이 스스로 공부를 찾아서 하는 것은 오히려 흔치 않은 일입니다. 화를 내거나 속상해하기보다는 공부하는 습관이 생길 때까지 부모님이 도와주면 됩니다. 아이와 공부를 하는 습관이 들 수 있는 약속을 해주세요. 이때 부모님의 일방적인 지시보다는 아이와 함께 정하는 약속이어야 더욱 의미가 있습니다. 학교 다녀와서 두 장 다 하고 놀기를 약속하면, 두 장을 풀 때까지는 부모님도 옆에 앉아 책을 보시거나 기다려주시면 됩니다. 만약 부모님이 바쁘다면 대신 그 역할을 해줄 대상을 찾아 습관을 형성할 수 있도록 도움을 요청해야 합니다.

특정 과목을 하지 않으려는 아이도 있습니다. '저학년인데 벌써 그래?'라는 생각이 들 수도 있겠지만 실제로 학교에서 보면 3~4학년만 되어도 그런 경우가 많습니다. 1~2학년 때부터 '글쓰기'를 못했기 때문에 나는 국어는 열심히 안 한다고 말하는 아이들도 있습니다. 생각을 한 줄만 쓰는 간단한 문제인데도 '서술형'처럼 보이기 때문에 지레 겁부터 먹고 제대로 손도 대지 않은 채 시험지를 내는 경우도 있습니다.

글을 써서 자신의 생각을 표현하는 것 자체에 익숙하지 않기 때문입니다. 아이는 맞춤법도 틀리고 띄어쓰기도 틀리니 계속 주눅만 들게 됩니다. 국어를 잘하게 하려면 독서가 최고의 방법이라고 해서 책을 읽히려 해도 아이는 더 싫어하고 마지못해 학습 만화책을 하나 집어 듭니다. 집에서 받아쓰기도 시켜보고 책도 읽혀보는데 아이가 힘들어하니, 저학년 국어가 중요할까 싶은 마음이 들어서 하지 않아도 된다고 아이를 안심시킵니다.

그런데 시험지를 받아 드는 순간, 수업 시간 교과서에 자신의 생각을 써야 하는 순간, 그 아이의 표정은 제가 보아도 마음이 아플 정도입니다. "괜찮아, 우리 엄마가 나 국어는 좀 못해도 된다고 했어"라고 태연한 척하며 말하지만 국어 시간 내도록 주눅이 들어 있습니다.

억지로 공부를 시키는 것보다 좋은 도구는 일기와 독후 감상문입니다. 일기와 독후감은 담임선생님이 숙제로 내주는 경우가 많습니다. 글쓰기나 국어에 두려움이 있는 아이들은 일기도 짧게 쓰거나 쓰는 것 자체를 싫어합니다. 글쓰기를 싫어하는 아이들에게 일기란 특히 언제, 누구랑, 무슨 일을, 왜 했는지, 거기에다가 나의 생각과 느낌은 어땠는지 일목요연하게 정리해야 하는 것은 고된 작업입니다. 어차피 써야 하는 일기와 독후감에서 재미를 느끼게 해주는 것이 효과적입니다.

인터넷으로 검색만 해보아도 다양한 주제를 찾아볼 수 있습니다. '내가 만화 캐릭터가 된다면?', '모기에게 쓰는 협박 편지!', '고생하는 내 신발을 위한 편지', '만약 내가 투명인간이 된다면?' 등 재미있는 주제들이 많습니다. 아이에게 하기 힘들어하는 것에 대한 흥미부터 길러주세요.

자주 뒤쪽 문제를 풀지 않아서 틀려서 올 때

아이가 시험지를 가져왔는데 생각보다 점수가 너무 낮은 경우가 있습니다. '우리 애가 70점을 받을 실력은 아닌데' 하며 놀란 마음에 시험지를 살펴보니 뒤에 있는 다섯 문제는 손도 못 댄 것 같습니다. 아이에게 물어보니 그렇다고 합니다. 한 문제에 5점짜리를 다섯 문제나 못 풀었으니 25점은 깎이고 시작한 셈이 됩니다.

다음에는 딴짓하지 말고 집중해서 잘 풀라고 당부를 해도 한두 번에 그치지 않고 자주 반복이 된다면 아이의 상황을 한번 살펴볼 필요가 있습니다.

저학년은 집중할 수 있는 시간 자체가 짧습니다. 또 어린이집이나 유치원을 다닐 때에는 40분 안에 혼자 몇 문제를 풀어야 하는 일이 거의 없었습니다. 그런데 학교에 다니기 시작하면서 정해져 있는 시험 시간 내에 주어진 문제를 다 풀어야 하니 익숙하지 않을 수 있습니다. 정해진 시험 시간 개념을 잘 모르니 앞에서 헷갈리는 문제가 생기면 한 문제를 붙잡고 계속 고민합니다. 그러다 보면 뒤에 있는 문제는 풀지 못하고 시간이 끝나는 일이 생깁니다.

그럴 때에는 집에서 부모님과 시간을 보며 연습해보는 경험이 필요합니다. 보통 초등학교 수업 시간은 40분이니, 타이머를 맞추거나 시계를 보면서 20문제나 25문제를 연습해보는 것이지요. 처음에는 뒤쪽 문제를 다 못 풀더라도 연습을 반복하다 보면 아이들도 어느 정도 시간에 대한 관념이 생깁니다.

간단한 계산도 계속 실수할 때

어른들이 보기에 7+5의 정답이 12라는 것은 전혀 문제가 되지 않습니다. 그러나 숫자의 체계가 헷갈리는 우리 아이들에게는 덧셈의 답이 한 자리가 넘어가는 순간 머릿속이 복잡해지기 시작합니다. 덧셈은 어떻게든 해결을 했는데, 뺄셈이 문제가 되는 경우도 있습니다.

아이들에게 24-8은 어떻게 보일까요? 받아 내림으로 24의 2는 1이 되고, 앞에서는 1만 없어졌는데 갑자기 뒤에서는 10이 생겼다고 쓰라고 합니다. 물론 반복 훈련을 하면 계산이 능숙해져 아이들이 기계적으로 10을 만들어 풀 수는 있습니다.

그렇지만 아이들이 정말로 이해하고 계산을 하고 있을까요? 이해가 되지 않은 채 기계적으로 훈련을 반복하니 실수가 생깁니다. "너, 왜 이 간단한 것도 틀리니. 문제 풀 때 집중을 하라니까, 집중을!"이라는 말이 나올 수밖에 없습니다. 어른들 눈에는 간단한 계산이지만, 아이들에게는 생각보다 복잡한 문제입니다.

유명한 심리학자인 피아제(Piaget)는 이 시기 연령대 아이들을 '구체적 조작기'라고 설명합니다. 이름에서도 볼 수 있듯이 아동이 구체적으로 쉽게 상상할 수 있는 사물이나 문제를 다룰 수 있는 시기입니다.

그러므로 아이가 구체물을 조작해볼 수 있도록 도와주면 좋습니다. 아이의 눈높이에 맞추어주는 방법이기도 합니다. 수 모형과 같은 수학 교구가 있지만 바둑돌이나 사탕 등 집에 흔히 있는 재료도 사용할 수 있습니다. 사탕 7개에서 5개를 더 받으면 12개가 되고 바둑돌 24개에서 8개를 덜어냈을 때 16개가 되는 것을 확인하면, 방법을 외우지 않고 이해부터 할 수 있습니다.

고학년, 아이의 인간관계를 신경 써야 한다

당신의 노력을 존중하라. 당신 자신을 존중하라.
자존감은 자제력을 낳는다. 이 둘을 모두 겸비하면 진정한 힘을 갖게 된다.
– 클린트 이스트우드(Clint Eastwood)

사람이 스트레스를 받으면 신체에서는 여러 가지 반응이 나타납니다. 소화가 안 되기도 하고 잠을 한숨도 자지 못하기도 합니다. 머리가 멍해지고 심장이 두근거리고 일이 하나도 손에 잡히지 않습니다. 어른도 이러한데 우리 아이들은 어떨까요?

아이의 친구 관계 확인해보기

사춘기에 접어드는 고학년 아이들에게 친구 관계란 매우 중요한 것입니다. 주말이 되면 부모님과의 여행보다 친구들과의 여가시간을 선택하기도 합니다. 친구 관계는 아이들이 학교생활을 하는 데에 매우 큰 부분입니다.

그렇다 보니 친구 관계에서 문제가 생기면 공부에도 시험에도 집중하기 어려워집니다. 어제까지만 해도 같이 잘 놀던 친구들이 말을 걸어도 쌀쌀맞게 대답하는 순간 당황하기 시작합니다. 혹시나 하는 마음에 한 번 더 말을 걸어보아도 친구들끼리 눈짓을 주고받다가 나만 쏙 빼놓고 사라지면 그 순간부터 수업 시간에는 전혀 집중을 할 수가 없습니다.

도대체 무슨 일 때문에 저러는 건지, 이러다가 내가 왕따가 되는 것은 아닌지 등골이 오싹해집니다. 그것도 그렇고 당장 다음 쉬는 시간부터는 누구랑 놀지 한번 슥 둘러보아도 다들 이미 단짝이 있습니다. 긴 점심시간은 어떻게 버틸지 걱정과 고민을 하다가 수업 시간이 끝납니다.

학교에서의 시간을 겨우 견디고 집에 돌아와서 다시 공부에 집중할 수 있을까요? 당연히 그렇지 않습니다. 친구들이 함께 있지 않더라도 그 상황은 계속됩니다. 친구의 카카오톡 프로필 상메(상태메시지)가 나를 향하는 말인 것 같습니다. 가슴이 두근거립니다. 내일이 시험이기는 하니 책상에 앉아 핸드폰을 손에서 놓았다가도 또 금세 핸드폰을 켜서 메시지가 바뀌었는지 계속 확인합니다.

친구들이 다 같이 핸드폰 게임에서 만나기로 합니다. 요즘은 각자 자기 집에서도 시간을 맞추어 게임에서 만나 함께 시간을 보낼 수 있습니다. 친구들과 게임을 딱 한 시간만 하고 내일 시험을 위한 공부를 하기로 엄마와 약속을 합니다. 게임을 시작하는데 어쩌다 보니 우리 학교에서 제일 힘이 센 친구와 같은 편이 됩니다. 저 친구는 현질(현금으로 아이템이나 게임 머니를 사는 것)을 해서 무기가 좋은데, 나는 게임에 현질은 하지 않기 때문에 기본 무기입니다. 게임을 하다 보니 우리 편이 지고, 그 힘이 센 친구가 한마디 합니다. "아 씨, 저 ×× 때문에 졌네. 야, 내일 학교에서 딱 두고 보자."

핸드폰을 끄고 다시 책을 펴도 눈에 잘 들어오지 않습니다. 머리는 점점 더 멍해집니다.

이런 상황에서 아이들은 '아, 내가 친구들과의 관계가 걱정되고 스트레스를 받아서 공부에 집중을 잘 못 했구나. 그래서 이번 시험 성적도 별로 안 좋구나'라고 생각하기 어렵습니다. 그러니 더더욱 부모님에게 설명하기 힘듭니다. 그런데 이런 상황에서 "그래, 너 이번에 공부 안 하더니 이럴 줄 알았다"라는 말은 상황을 더 나쁘게 만듭니다. 학원을 바꾸거나 추가해도 큰 소용이 없습니다. 내 아이의 하루가 어떠한지, 내 아이의 마음이 괜찮은지 그것부터 확인해주어야 합니다.

아이 스스로에 대한 이미지 점검하기

사춘기는 자아정체성이 형성되는 시기라고 합니다. '나'는 어떤 사람인지에 대한 관점도 생기고 가치를 판단하는 기준도 형성됩니다. 예전에는 "이거 하자~" 그러면 조금은 투덜거려도 곧잘 앉아서 내 말을 들었던 우리 아들이 "내가 왜 해야 해?" 같은 말도 합니다.

별것 아닌 일에도 자신의 주장을 끝까지 우기고 고집을 피우기도 합니다.

자기 이미지는 혼자서 만들어가는 것이 아닙니다. 부모님과 선생님과의 관계에서도 만들어지고 또래 집단에서도 영향을 주고받습니다. 가만히 보면 학업 성취도에서도 그러한 분위기가 생깁니다. '누구랑 누구는 공부를 잘하는 애, 누구랑 누구는 공부를 못하는 애, 쟤는 나보다 조금 더 잘하는 애, 쟤는 나보다 못하는 애'와 같이 암묵적인 순위를 매기기도 합니다.

서로의 암묵적 순위와 성적에 대한 자기 생각이 섞여서 학업 자아상을 굳혀갑니다. 친구들이 보기에도, 또 아이가 스스로 느끼기에도 나는 공부를 잘하는 편은 아닌 아이로 생활합니다. 교사가 보았을 때에는 충분히 할 수 있는 과제인데 "에이, 제가 그걸 어떻게 해요" 하고 스스로 한계를 짓습니다. 제대로 도전해보지도 않고 공부를 잘하는 친구에게 도움부터 요청합니다.

점점 학습에 대한 흥미는 떨어지고 그렇지 않아도 하기 싫었던 공부는 점점 더 하기 싫어집니다. 공부를 신나게 잘하는 짝을 보면 조금 부럽기는 하지만 이미 나와는 다른 부류 같은 느낌까지 듭니다. 딱히 공부를 잘하는 집단으로 갈 수 있을 것 같지도 않지만 계속 다녔던 곳이고 부모님도 가라고 하시니 학원은 다닙니다. 선생님이 시키는 만큼만 하고 집으로 돌아옵니다.

초등학교 공부는 아이들이 마음먹고 노력하면 성장을 기대해볼 만합니다. 그런데 아이들은 잘 모르지요. '나는 공부를 잘 못하는 아이'라는 스스로에 대한 관점이 생기고 있기 때문일 수 있습니다. 그래서 공부에 대해서 어떻게 생각하는지 한번쯤 꼭 이야기해볼 필요가 있습니다. "몰라, 엄마가 하라며"와 같은 대답을 하면 아이와 조금 더 긴 대화를 할 타이밍입니다.

"다 너 잘되라고 하는 거야. 그러니까 앞으로 더 열심히 해"는 아이에게 너무 막연한 잔소리입니다.

"나에게 정말 소중한 사랑하는 우리 아들이 삶을 열심히 사는 사람이었으면 좋겠어. 공부도 그 과정인 거야. 엄마는 노력하는 너의 모습을 볼 때 참 좋아"와 같이 아이를 격려하여 성장할 수 있도록 도와주어야 합니다.

기본기가 부족하지는 않을까?

고학년이 되면 문제는 점점 어려워집니다. 국어는 문단을 나누어서 설명하는 글, 주장과 타당한 근거를 들어 설득하는 글을 써야 하고 수학은 퍼센트를 구하고 통분하고 약분한 분수를 또 더하고 곱합니다. 사회는 역사까지 다루고, 과학에서는 전류가 나오고 세균이 등장하고 계절이 변화하는 까닭을 공부합니다.

문단을 나누어 쓰기 위해서는 서론, 본론, 결론의 내용을 짜임새 있게 구성할 줄 알아야 합니다. 퍼센트를 구하기 위해서는 전체와 부분에 대한 개념이 필요하고, 계절이 변화하는 까닭은 지구의 공전과 자전에 대한 개념이 있어야 이해할 수 있습니다.

전 단계의 기초 지식이 탄탄하지 않으면 아무리 반복하여 학습을 해도 이해하고 적용하기 어렵습니다. '계절이 변하는 까닭: 자전축이 기울어져 공전하기 때문'을 밤새도록 외워도 자전과 공전이 무엇인지 잘 모르면 소용이 없습니다.

우리 아이에게 분명 어떤 부분이 부족한 것 같은데 시험지만 보아서는 판단이 힘듭니다. 그럴 때에는 선생님에게 물어보는 것도 방법입니다. 입체도형의 겉넓이를 구하고 소수끼리 곱하고 나누는 이 과정에서 벌써 '수포자(수학을 포기하는 자)'라는 단어를 아이들끼리 사용합니다. 겉으로 보기에는 내용이 복잡해서 힘들어 보이지만 생각보다 이유가 간단할 때가 있습니다. 연산이 익숙하지 않은 아이들은 겉넓이가 곱하고 더해야 할 것들이 많으니 하다가 힘들어집니다. 소수의 나눗셈도 자연수의 나눗셈이 익숙하지 않아서 힘들어하는 경우가 많습니다.

아이도 스스로 얼마나 힘들고 답답할까요? 그럴 때에는 아이에게 겉넓이를 구하는 단원만 공부시키기보다 연산에 조금 더 익숙해지도록 도와주면 됩니다. 소수의 나눗셈은 잠깐 접어두고 자연수의 나눗셈 부분을 조금 더 연습하도록 해야 합니다.

학습법보다
공부에 대한 태도 먼저

할 수 있는 일을 해낸다면, 우리 자신이 가장 놀라게 될 것이다.
– 토머스 에디슨(Thomas Alva Edison)

3학년이 되면 아이들은 학교생활에서 큰 변화를 느낍니다. 일단 2학년 때까지는 국어, 수학, 통합교과 정도였던 교과목이 3학년이 되는 순간 국어, 도덕, 수학, 사회, 과학, 체육, 음악, 미술, 영어로 늘어납니다. 다른 과목들은 2학년 때도 비슷한 내용이 있었지만 영어는 처음으로 배우게 됩니다. 또 2학년 때까지는 보통 4교시나 5교시만 하고 하교를 했는데, 3학년이 되면 보통 5교시이고 6교시가 있는 날도 생깁니다. 그래서 3학년 초반에 변화에 민감한 아이들은 "왜 이렇게 공부를 많이 해요?" 하고 묻기도 합니다.

게다가 학원을 안 보내거나 덜 보내면 다른 엄마들이 "늦은 편이다, 영어 수업 할 때 그 집 아이만 아무 말도 못 하고 있으면 어떻게 할 거냐, 학년 딱 바뀔 때 시작해야 한다, 어느 정도 선행학습을 해 가야 아이가 학교에서 기가 안 죽는다" 합니다.

그런데 학원부터 보낼 것이 아니라 공부에 대한 태도나 동기, 습관을 형성하도록 도와주는 것이 더 중요합니다. 사실 약간은 지루하고 모호한 대답이기도 할뿐더러 '공교육 교사니까, 당연히 학원 다니지 말라고 하는 것 아니야?'라고 생각하실 수도 있습니다.

그런데 학교에서 보면 정말로 큰 차이가 느껴집니다.

'공부는 잘 못하면 혼나는 것, 학원은 가라고 하니까 가는 것. 부모님의 기대를 저버리는 게 조금 걱정이라 공부하는 것'이라는 태도로 공부하는 아이들은 수업 시간에 시큰둥합니다. 학원에서 다 배워서 지루하기만 한 것입니다. 학원에서 배우지 않았더라도 나중에 학습지 풀 때 선생님한테 다시 물어보면 되니까 그냥 일단 수업 시간에 집중을 하지 않습니다. 그림을 그리거나 손 밑으로 장난감을 가지고 놀거나 딴생각을 하기도 합니다.

미리 배워 왔기 때문에 다 안다는 티를 내고 싶어서 큰 소리로 답을 말하는 바람에 다른 친구들이 불편해하고 싫어하기도 합니다. 선생님 설명과 활동이 끝나고 스스로 수학 익힘책을 푸는 시간에는 외운 공식으로 대충 빨리 풉니다. 시간이 남으니 조금 더 도전해 볼 수 있는 심화 과정 학습지를 주면 왜 자기만 주느냐고 불평합니다. "시간이 많이 남으니까, 너의 발전을 위해서 더 할 수 있을 것 같아서 그래. 그러니 조금 더 어려운 문제에도 도전해볼래?"라고 하면 아이는 "그러면 다 알아도 아주 천천히 해서 시간 안 남게 버티면 학습지 더 안 해도 되는 거예요?"라고 합니다.

'공부는 나의 발전을 위해 하는 것, 잘하면 좋지만 못해도 더 노력하면 되는 것'이라는 생각으로 공부하는 아이들은 태도 자체가 다릅니다. 학원에서 미리 배웠더라도 또 한 번 집중해서 들어봅니다. 학원을 안 다닌 아이들은 처음 보니 선생님 설명에 집중하려고 노력합니다. 다른 친구들이 수학 익힘책을 빨리 끝내면 약간 속상하고 부럽다가도 스스로 해결하려고 계속 머리를 굴려봅니다. 공부를 하다가 이해가 덜 된 부분이 있으면 선생님에게 질문하면서 공부합니다.

다 하고 시간이 남으니 심화 학습지가 궁금해집니다. "가져가서 한번 해봐도 돼요?" 물어보고, 이렇게도 해보고 저렇게도 해봅니다. 풀릴 듯 안 풀릴 듯 하는 문제에는 오기 같은 것이 생깁니다. 그래서 쉬는 시간에 다른 친구들이 놀 때에도 붙잡고 있습니다. 여러 번의 시도 끝에 문제가 해결되는 순간, 희열을 느끼는 그 표정을 보면 교사인 제가 다 행복해질 정도입니다. 다음 시간, 다른 과목도 마찬가지로 '이것도 해보자' 하는 표정입니다. 부모님이 걱정하시는 것처럼 학원을 다니는 아이들보다 성적이 더 낮지 않습니다. 오히려 성적이 더 좋은 경우도 많습니다.

방금 이야기는 6학년을 맡았을 때 차이가 나던 아이들 모습입니다. 그런데 3학년도 크게 다르지 않습니다.

어느 정도 공부를 하면서 학원에서 가르쳐주는 것을 잘하는 아이와, 스스로 고민하면서 문제를 해결해가는 아이. 두 아이 모두에게 학교 공부 하루에 다섯 시간씩, 1년의 시간이 쌓입니다. 대학을 잘 보내기 위해 지금부터 준비하는 것이라면, 초등학교 3학년일 경우 수능까지 10년 가까이 남습니다. 이러한 태도와 습관이 10년 동안 쌓인다면 아이들의 10년 후는 어떻게 변화되어 있을까요?

학원, 성적보다 공부에 대한 태도와 생각부터 바꾸기

3학년 과정은 학원에 다니지 않고 학교 공부에만 충실해도 충분히 잘할 수 있는 난이도입니다. 그런데 맞벌이 가정이라 집에 아무도 없는 시간이 길어서 어쩔 수 없이 학원을 보내야 하는 상황이거나, 부모님이 너무 바빠 집에서 아이의 공부를 전혀 신경 써줄 수 없는 상황 등 학원이 필요한 아이에게 무조건 학원을 그만두게 하자고 말하는 것이 아닙니다. 공부에 대한 아이의 태도나 습관을 고려하지 않은 채 학원만 늘리고 성적에만 관심을 갖지는 말자고 말씀드리고 싶은 것입니다.

학원을 늘리고 추가하면 내 아이가 공부에 대해서 어떤 생각을 하게 될 것인지, 지금 공부에 대해서 어떤 태도를 가지고 있는지는 부모님이 가장 잘 알고 있을 것입니다. 학원을 통해 실력이 늘어서 뿌듯함을 느낄 수 있다면 다행이지만, 학원이 늘어나고 하기 싫은 것을 해야만 하는 것에 대한 압박이 생깁니다. 공부는 지겨운 것, 하기 싫은 것이 되고 시험 성적은 걱정거리일 뿐입니다.

부모님이 기대했던 것보다 점수가 낮은 시험지를 가져왔을 때 부모님 표정이 어땠는지 지금 떠올려보세요. 표정이 일그러지거나 "아니, 왜 이런 걸 틀리니. 어쩌려고 그래" 하는 다그침이 반복되면 아이는 실망하고 좌절합니다. 아이들이 집에서 표현은 잘 하지 않을 수도 있지만 성적이 잘 나온 시험지를 받은 아이들은 대부분 빨리 부모님께 보여드리고 싶어 하고, "우리 엄마 아빠 완전 좋아하겠다!"라고 말합니다. 부모님의 인정과 칭찬이 아이에게는 더없이 소중하기 때문일 것입니다. 반대로 부모님의 실망과 비난은 그만큼 아이의 마음을 더 힘들게 하고 공부에 대한 부정적인 생각을 갖게 할 수 있습니다.

'이렇게 쉬운 것도 틀렸는데, 그 정도 화도 못 내나' 하고 생각할 수도 있습니다. 공부나 시험에 대한 아이의 태도가 잘 형성되게 하기 위해서는 부모님의 노력이 필요합니다. 같은 말이라도 다르게 할 수 있습니다.

"왜 이런 걸 틀리냐" 대신 "다음에는 이 정도는 실수하지 않게 좀 더 해봐. 다른 거는 잘 풀었네"라고 말할 수 있습니다. 두 말의 의미는 같지만 부모님의 말투, 표정, 칭찬이 중요한 우리 아이들에게는 부모님의 달라진 말투 하나로 공부에 대한 생각 자체가 달라질 수 있습니다.

다음 시험에 그 부분이 조금 나아진다면 "노력하니까 되네!" 하고 인정하고 칭찬해주시면 금상첨화입니다. 그러면 아이는 '나는 노력하면 되는 사람'이라는 생각을 할 수 있게 됩니다. 틀린 문제를 풀게 하고, 학원을 더 보내는 것보다는 시간이 조금 걸리더라도 꼭 필요한 과정입니다.

'노력하면 되니까 앞으로도 노력해볼 만하네' 하는 것이 공부에 대한 태도의 시작입니다.

성적이 떨어질 때에도 자존감 회복력이 있다면

자신을 의심하는 사람은 마치 적군에 가담해
스스로에게 총을 겨누는 사람과 같다.
– 알렉상드르 뒤마(Alexandre Dumas)

저학년 때까지는 어느 정도 했는데 고학년이 되면 성적이 떨어지는 경우가 있습니다. 저학년 때까지 80점, 90점을 받아와서 곧잘 하는 줄 알았는데 고학년이 되면서 조금씩 성적이 떨어지더니 잘해야 80점대이고, 70점도 받아올 때가 있습니다.

고학년 아이들의 사회

물론 공부 내용이 저학년 때와 비교해서 어려워지긴 합니다. 그런데 아이가 특히 사춘기에 들어서면서 성적이 떨어지는 이유는 공부가 어렵기 때문만이 아닐 수 있습니다. 고학년이 되면 신체적으로 달라질 뿐 아니라 많은 변화가 일어납니다. 어른들이 상상하는 것보다 더 많은 고민을 하는 아이들이 있습니다. TV에 나오는 연예인들은 예쁜데, 우리 반 누구는 예쁜데 나는 왜 이렇게 생겼는지 고민하고 어떤 날은 굉장히 속상해합니다. 못생긴 외모를 커버하고 싶어서 화장 동영상을 찾아보며 틴트를 바르고 아이라인을 그립니다. 그뿐만 아니라 친구 관계나 이성에 대한 관심도 많아집니다. 친구가 세상의 전부처럼 느껴지기도 해서 친구들이 같이 하자고 권유하는 것은 나쁜 짓이라도 고민 한번 해보고 시도해보기도 합니다. 내가 좋아하는 남자아이에게 다른 여자아이가 말을 걸면 괜히 그 친구가 미워집니다. 또 자아에 대한 고민, 모두 다 비슷할 줄 알았던 우리 가족만의 문제 등 말 못 할 고민들이 생깁니다.

아이가 고학년이 되어 갑자기 성적이 떨어졌을 때 '누구 닮아서 저러지? 우리 애가 머리가 나빠서 어려워지니까 못 따라가는 건가?' 하고 고민하다가 학원에 더 많이 보내고 과외 선생님을 바꾸는 것은 능사가 아닙니다. 아이가 성적이 잘 나오지 않는 진짜 원인을 체크해보아야 합니다. '우리 애는, 내가 보기에는 그렇지 않은데. 학교 갔다가 학원 갔다가 집에 오는 게 하루 일과의 전부고 딱히 나쁜 짓도 안 하는데 그런 생각을 하지는 않을 것 같아. 그러니 아무래도 공부를 더 시키는 게 맞겠다' 이렇게 생각할 수 있습니다. 그렇지만 아이들에게 심각한 고민이 있을 가능성도 있습니다.

단적인 예로 흡연을 경험한 청소년들이 담배를 처음 접하는 시기가 만 12세, 13세인 시대입니다. 처음으로 가출한 시기는 평균 14

세이며 첫 성관계 시작 연령도 평균 13세입니다. 6학년 네 명 중 한 명은 음란물을 본 적이 있고, 처음 본 시기는 대부분 5~6학년이라는 기사도 있습니다.

기사이고 통계일 뿐인 것 같지만 현실은 충격적입니다. 저는 졸업한 아이들과도 자주 소통을 합니다. 중학생, 고등학생이 된 아이들과 아직도 SNS나 메신저의 단체 대화방에서 이야기를 하며 지내고, 아이들이 초등학교로 가끔 놀러도 옵니다. 그러면 야동은 초4 때 다 봤다는 이야기, 담배 피웠다가 끊으려고 한다는 이야기, 남자 친구와 여자 친구에 관련된 성에 대한 이야기 등을 서슴지 않고 합니다. 오히려 듣는 저는 어색하고 쑥스러운데 아이들은 아무렇지 않습니다. 우리 아이가 눈에 띄는 나쁜 행동을 하지 않더라도 그 연령대의 분위기와 사회 상황상 어른들이 생각하는 것보다 복잡한 고민을 하고 있을 수 있고 도움이 필요할 수 있습니다.

아이가 성적이 잘 나오지 않는 진짜 이유를 알 수 있는 가장 좋은 창구는 바로 대화입니다. 아이가 사춘기가 되었을 때 "고민이 생기면 부모님한테 이야기해"라고 한다고 해서 갑자기 다 말하지는 않습니다. 아이들은 고민의 정도가 커질수록 부모님을 실망시킬까 봐 혹은 부모님에게 혼날 것 같아서 더욱 말을 못 할 수도 있습니다.

그렇기 때문에 아이가 어릴 때부터 대화를 많이 하고 아이의 의견을 존중해주는 태도를 보여주는 것이 중요합니다. 아이가 고민이 생겼을 때 부모님에게 이야기할 수 있도록 말입니다.

너무 엄격하거나, 다 해주려는 부모님

아이를 굉장히 엄격하게 훈육하는 부모님들도 있습니다. 엄하게 대할 때 일단 아이는 부모님의 말에 싫다는 말을 하거나 부모님 뜻을 잘 거역하지 못합니다. 아이에게 예의범절을 잘 가르치며 기초가 되는 생활습관을 키우는 등 아이가 잘 자랄 수 있도록 도와주고 싶은 부모님의 마음을 표현하는 양육 방법일 것입니다. 그런데 아이를 보면 안타까운 경우가 있습니다.

부모님에게 자주 혼나거나 매사에 엄격한 부모님을 둔 아이들은 무엇을 해도 어른의 눈치를 보는 경우가 종종 있습니다. 아이 입장에서는 조금만 행동을 잘못하여도 꾸중을 듣고 혼난다는 것을 본능적으로 체득합니다. 그렇게 되면 부모님이나 어른에 대한 신뢰나 존중, 존경보다는 두려움이 앞설 수밖에 없습니다.

생활 모습뿐 아니라 학습적인 측면에서도 비슷하겠지요. 공부를 하거나 시험을 칠 때 '아, 이거 제대로 못 하면 혼날 텐데' 하는 걱정이 생깁니다. 수업 시간에 발표를 하거나 모둠 활동에서 의견을 냈다가 틀릴까 봐 주변 눈치를 봅니다. 시험을 칠 때도 두려움과 걱정을 안고 시작합니다. 그러다가 모르는 문제가 생기면 '이 방법이 잘 풀릴까? 아니네, 그러면 다른 방법으로 해볼까?' 하기보다는 '큰일 났다. 못 하겠다. 어쩌지? 시간도 얼마 안 남았네' 하고 초조한 마음이 커집니다. 일단 다른 문제부터 풀어보려고 넘어가지만 그다음 문제들에 제대로 집중하기 어렵습니다.

아이가 실망해서 마음이 다치지 않도록 보호해주고 싶은 마음에 과도하게 도와주는 유형의 부모님도 있습니다. 우리 아이가 혹여나 기가 죽거나 너무 좌절할까 봐, 또 부모님이 아이에게 집중할 수 있는 시간이 짧은 것이 미안해서 함께할 때면 모든 것을 다 해주려고 노력합니다.

아이가 어렸을 때부터 만들기나 놀이를 하거나 조금 더 커서 공부를 하다가 "엄마, 이거 잘 못 하겠어요. 어려워요" 하면 "자, 이거 봐. 이렇게 하면 끝나지?" 하고 척척 해줍니다. 부모님께서 다 해주시는 것이 습관이 된 아이는 조금만 복잡해 보이는 일이 생기면 도움을 요청하게 됩니다. 공부도 마찬가지입니다. 어려워 보이면 시도해보지 않고 부모님이나 선생님에게 도움을 요청합니다.

두 유형이 겉으로 보기에는 다른 모습이지만 공통점이 있습니다. 바로 아이가 스스로 하려는 의지나 기회를 꺾어버린다는 것입니다.

부모님이 무서워서, 또는 부모님이 해주는 방법을 그대로 보고 배워서 따라 하면 저학년 때에는 성적이 괜찮게 나올 수 있습니다. 저학년 때에는 암기나 계산 연습을 조금만 해도 성적이 잘 나오지만, 고학년이 될수록 스스로 생각을 하고 고민을 해야 하는 학습 내용이 많아집니다. 그러면 점점 더 부모님이 엄격하게 해도, 대신 해주려고 도와주어도 더 이상 그 방법이 통하지 않습니다.

꿈을 찾아가는 현실적인 방법을 제시한다

미래를 창조하기에 꿈만큼 좋은 것은 없다.
오늘의 유토피아가 내일의 현실이 될 수 있다.
– 빅토르 위고(Victor Hugo)

"우와, 역시 우리 아들 똑똑해. 벌써 다 했어?"

부모님과 선생님의 말 한마디에 큰 영향을 받는 아이들을 자주 봅니다. 말하는 내용이나 방법에 따라 아이들이 변화하는 모습을 보면 신기할 지경입니다.

"우와, 역시 우리 딸 똑똑해. 벌써 다 했어?"와 같은 칭찬은 아이가 제대로 공부하는 것보다 빨리 하는 것에 집중하게 만듭니다. 아무리 큰 아이들이라도 부모님과 선생님의 기대에 부응하고 싶은 마음이 있습니다. 그렇기 때문에 아이는 빨리 다 하고 싶어 합니다. 빨리 하다 보면 문제도 제대로 안 읽게 되고 더하기 빼기도 헷갈립니다. 수학은 식을 잘 세우고 중간 과정까지 계산을 잘해도 마지막에 받아 올림 한 번만 실수해도 답을 틀립니다. 그러면 결국 어른들 눈에는 공부를 대충 하는 것으로 보입니다.

또 공부가 끝나면 무조건 게임이나 TV 시청 등 자유 시간을 무제한으로 주는 경우도 생각해볼 수 있습니다. 빨리 해야 놀 수 있는 시간이 늘어나기 때문에 빨리 해치우고 싶어 합니다. 또 급하게 하다 보면 집중해서 공부를 할 때보다 틀려서 다시 고쳐야 할 문제가 많아집니다. 아이의 입장에서는 해야 할 양이 늘어나고 노는 시간이 짧아지니 공부는 싫고 귀찮은 것이 됩니다.

빨리 할 때보다 정확하게 하고, 조금 더 노력했을 때 아이에게 칭찬을 해주거나 자유 시간 같은 선물을 주는 것이 좋습니다. 이를 통해 빨리 하는 것보다 노력하는 것이 더 중요하다는 것을 알게 해주어야 합니다.

꿈을 키워주어야 한다고 해서 미래에 대한 이야기를 할 경우

어른들은 아이들에게 "공부 잘해야 나중에 커서 훌륭한 사람 된다"라고 말합니다. 우리 아이들이 미래에 더 잘 살 수 있게 해주고 싶은 마음으로 공부를 시키는 것이기 때문에 틀린 말은 아닙니다. 그런데 어른들의 생각보다 아이들은 현실적으로 생각하는 경향이 있습니다.

5학년만 되어도 '적당히 월급 받는 회사원', '레스토랑 요리사', '공무원', '미용사', '메이크업 아티스트', '크리에이터' 등 장래희망이 다양해집니다. 그리고 "선생님, 제가 하고 싶은 직업은 꼭 공부를 잘할 필요가 없는데요? 왜 공부해요?"라고 물어봅니다. 그렇지 않아도 하기 싫은 공부인데 아이의 마음속에 공부는 별로 필요하지 않을 수도 있다는 인식까지 생깁니다.

이런 아이들에게 "다 너 잘되라고 하는 말이야"라는 말은 잔소리일 뿐입니다. 그래서 공부는 필요도 없고 하기도 싫지만 부모님이 시키기 때문에 대충 하게 됩니다.

꿈을 정해주려는 마음으로 아이들에게 '커서'에 대한 이야기를 하지만 아이들은 그저 막연하게만 느껴집니다. 꿈을 정해주고 강요하기보다는 꿈을 찾아가는 방법을 알려주어야 합니다.

5장

05

오늘부터 실천하는 우리 아이 자존감 연습

진심 어린 스킨십이 단단한 아이를 만든다

'너 자신'이 되어라.
'다른 사람'은 이미 누군가가 차지했으니까.
– 오스카 와일드(Oscar Wilde)

프랑스 국립병원 정신과 의사였던 르네 스피츠(René Spitz) 박사는 고아들을 관찰하였습니다. 한 고아원은 청결한 환경을 유지하고 아이들에게 영양도 잘 공급해주었습니다. 그럼에도 시간이 지날수록 아기들은 표정이 없어지거나 이상행동을 보였으며 병에 대한 높은 감염률과 사망률까지 보였습니다. 결국 그 고아원에 있던 아이 중 3분의 1 이상이 두 살을 전후해 사망했습니다.

그런데 또 다른 고아원은 위생 상태도 좋지 않고 음식 공급이 제대로 되고 있지 않음에도 아이들이 훨씬 더 건강하다는 것을 발견하였습니다. 르네 스피츠 박사는 결정적인 이유를 찾아냅니다. 바로 '접촉의 유무'였습니다.

좋은 환경을 제공했던 고아원의 보모들은 아기를 안아주는 행동을 거의 할 수 없는 환경이었습니다. 반면 다른 고아원은 비록 환경은 열악했지만 다른 사람들과의 접촉을 많이 경험했습니다. 르네 스피츠는 아이들의 성장에는 완벽한 환경보다 '접촉'이 중요하다는 결론을 내립니다.

두뇌 발달에까지 영향을 미치는 스킨십

애정이 담긴 스킨십은 생각보다 큰 힘을 가지고 있습니다. 부모님과 아기가 신체적으로 접촉을 하는 순간 자극이 뇌로 전달되어 두뇌 발달이 더욱 자극된다고 합니다. 또 스킨십은 스트레스를 받을 때 분비되는 호르몬을 억제해준다는 연구도 있습니다. 이뿐만 아니라 사랑을 느끼고 안정을 느끼는 호르몬들도 분비됩니다. 이는 영아나 유아에게만 일어나는 일이 아닙니다. 아동기, 청소년기 아이들에게도 부모님의 애정 어린 스킨십은 중요합니다.

아이는 오늘도 부모님을 떠나 하루를 보내고 와야 합니다. 오늘 아이에게 어떤 일이 일어날지 정확히 예측할 수 없고, 만에 하나 예측할 수 있다고 하더라도 부모님께서 대신 해줄 수 없습니다. 깨어 있는 시간 중 대부분은 아이가 스스로 마주해야 하는 시간입니다. 하루를 보내야 하는 아이에게 스킨십이 필요한 이유입니다. 마치 핸드폰을 하루 종일 사용하기 위해서 배터리를 가득 충전하듯, 스킨십은 아이의 안정감이 충전되는 것을 도와줍니다. 이렇게 안정감이 생기면 아이는 하루 동안 부모님과 함께 있지 않은 상황에서도 낯선 세상을 마음껏 탐색할 수 있게 됩니다.

엄마와 꼭 안은 다음 등교하기

오늘부터 아이가 등교하기 전, 필수 코스를 정해두세요.

'엄마와 꼭 안은 다음 등교하기' 코스입니다. 바쁜 아침이지만, 몇 초 걸리지 않습니다.

신발 신을 때, 엄마가 먼저 꼭 안아주세요. 그리고 "오늘도 사랑한다" 하고 애정 표현을 해주시면 더욱 좋습니다.

그런데 조금 큰 아이들은 갑자기 엄마가 안자고 하면 어색해할 수 있습니다. '갑자기 왜 이래?' 하는 눈빛으로 엄마를 쳐다봅니다. 팔을 죽 늘어뜨리고 몸을 빼려고 준비라도 하는 자세로 제대로 안기지도 않습니다. 아이가 그런 태도를 보이면 부모님도 어색하기는 마찬가지입니다. '아휴, 이 안아주는 게 뭐 중요하다고. 됐다' 하고 포기하게 됩니다.

그럴 때에는 작은 단계부터 시작해봅시다. 안아주는 것을 어색해하는 아이라면 등교 전 '하이파이브' 코스를 만들 수도 있습니다. '짝' 하고 경쾌한 소리가 나도록 하이파이브를 하는 것은 안는 것보다 덜 어색하고 생각보다 아이들이 좋아합니다.

아이의 등교보다 출근 시간이 빠른 부모님도 계십니다. 아이는 잠들어 있거나 아침 준비로 분주하여 잊어버리게 되는 경우도 있습니다. 그럴 때에는 아이의 아침잠을 깨울 때 스킨십을 해줄 수 있습니다. 엉덩이를 토닥토닥 해주면서 "아들, 일어나자"라고 말을 하거나 다리를 마사지해주면서 아이를 깨우면 됩니다.

사소한 것에도 감사하는 마음을 갖게 한다

절대 고개를 숙이지 마라. 고개를 치켜들고 세상을 똑바로 바라보라.
모든 것엔 나름의 경이로움, 심지어 어둠과 침묵이 있고
내가 어떤 상태에 있을지언정 그 속에서 만족하는 법을 배운다.
– 헬렌 켈러(Helen Keller)

성공한 사람들의 인터뷰를 보거나 자서전을 읽어보면 많은 사람들이 '긍정적인 생각'이 중요하다고 말합니다. 많은 연구에서도 긍정적인 정서는 행복뿐 아니라 학습 능력, 신체 능력 등 삶의 다양한 부분에 도움이 된다는 결과가 밝혀졌습니다.

긍정심리학의 대가 마틴 셀리그만(Martin Seligman) 펜실베이니아 대학교 교수는 긍정적 정서가 아이들의 학습 성과에도 영향을 줄 수 있다고 이야기합니다. 다섯 살 아이들을 두 집단으로 나누고, 한 집단에게는 30초간 '펄쩍펄쩍 뛰고 싶을 만큼 기뻐할 일'이나 '가만히 앉아서 웃음이 나올 만큼 행복해질 일'을 생각하도록 합니다. 그다음 모든 아이들에게 모양을 구분하는 과제를 제시했는데, 앞의

지시를 받은 아이들의 학습 성과가 훨씬 더 좋았다고 합니다. 긍정적인 생각을 하고 긍정적인 마음이 생기면 학습 과제를 할 때에도 더 좋은 결과가 나올 수 있다는 실험입니다.

또 미국 하버드 대학교의 데이비드 랜즈(David Landes) 교수는 "세상에서는 주로 낙관주의자들이 승리하는데, 그것은 그들이 항상 옳기 때문이 아니라 긍정적이기 때문이다. 그들은 잘못되었을 때조차도 긍정적이다. 이러한 태도는 성취, 향상 그리고 성공의 길로 연결된다"라고 말합니다. 또 천재 물리학자라고 불리는 아인슈타인(Albert Einstein)도 감사하는 삶을 살았다고 합니다.

그런데 막상 아이의 긍정성을 키워준다는 것은 참 막연하게 느껴집니다.

"엄마, 나 못하겠어. 안 될 것 같아" 하면 "잘될 거야, 긍정적으로 생각해봐", "아, 짜증 나, 오늘은 가기 싫다" 하면 "엄마가 너한테 안 좋은 걸 시키니? 긍정적으로 생각해, 긍정적으로!"라고 말로만 해도 아이가 긍정적으로 변하면 좋겠지만 그렇게 되지 않습니다.

우리 아이는 어차피 해야 하는 일이면 즐겁게 해내고 힘든 시간이 와도 꿋꿋하게 이겨낼 수 있는 긍정적인 사람으로 키우고 싶은데, 쉽지 않습니다.

감사 일기 쓰기

긍정성을 쌓아줄 수 있는 많은 방법 중 오늘부터 우리 아이와 어렵지 않게 할 수 있는 방법이 바로 '감사 일기'를 쓰는 것입니다. 미국의 토크쇼 진행자인 오프라 윈프리(Oprah Winfrey)는 사생아로 태어나 아홉 살 때 사촌에게 성폭행을 당하고 마약에 빠졌으며, 14세에는 미혼모가 되는 등 불우한 어린 시절을 보냈습니다. 그러나 불우한 어린 시절을 딛고 일어나 미국 TV 프로그램 〈오프라 윈프리 쇼〉를 25년 동안 진행하였습니다. 세계에서 가장 영향력 있는 명사 중 최고의 명사로 꼽히며 유엔이 수여하는 '올해의 세계지도자상' 등을 수상한 그녀는 자신의 성공 비결 중 하나로 '매일 꾸준히 쓰는 감사일기'를 꼽습니다.

또 미국 마이애미 대학교 마이클 맥컬러프(Michael Mccullough) 심리학과 교수는 사람이 '감사'를 생각할 때 두려움이 없어지고 좋은 상태로 이동한다고 말합니다. 즉 부정적인 감정을 긍정적인 감정으로 바꾸는 데 필요한 감정이 '감사'라는 것입니다.

미국의 심리학자 로버트 에몬스(Rovert Emmons) 캘리포니아 대학교 교수는 12세부터 80세 사이의 사람들을 대상으로 감사에 대한 실험을 했습니다. 한 그룹에는 감사 일기를 매일 또는 매주 쓰도록 하고, 다른 그룹에는 아무 사건이나 적도록 했습니다. 시간이 지날수록 감사 일기를 쓴 그룹이 다른 그룹보다 운동, 성적, 회사 일에서 더 좋은 성과를 내었으며 행복지수가 높은 것으로 나타났습니다.

시중에 감사 일기를 쓸 수 있도록 도움을 주는 책이 있습니다. 민진홍 저자의《땡큐 파워》같이 감사 일기 작성 노하우를 설명해주는 책도 있고, 최성애 박사의《행복일기》처럼 직접 쓸 수 있게 엮은 책도 있습니다.

부모님과 아이가 함께 감사 일기를 쓰는 것이 긍정성을 키우는 데 큰 도움이 됩니다. 그런데 이미 공부도 해야 하고, 일기도 써야 하고, 논술 학원에 수행평가 공부도 하는 상황에서 또 무엇을 써야 한다는 것 자체를 숙제처럼 느끼고 부담스러워하는 아이도 있습니다. 이러한 경우에는 긍정성을 키워주려다가 아이에게 스트레스만 가중시킬 수도 있습니다.

글로 쓰는 것을 부담스러워하는 아이들에게는 하루를 마무리하면서, 저녁 식사 시간에, 또는 잠자리에 들기 전에 말을 해보는 것도 좋은 방법입니다. 그런데 아이들이 이 감사라는 것을 말로 표현하기를 굉장히 낯설어합니다. 감사한 것을 딱히 생각해본 적도 없고 말로 표현해본 적은 더더욱 없으니 말입니다.

일단 해보자고 하면 처음에는 "잘 키워주는 부모님에게 감사합니다. 선생님 공부를 가르쳐주셔서 감사합니다"와 같이 단순하게 시작할 수 있습니다. 그리고 부모님, 선생님, 친구, 학원 선생님 등 돌아가면서 몇 번 이야기하다 보면 더 이상 할 말이 없다고 하기도 합니다.

이때 부모님들이 작더라도 소소한 일상에 감사함을 표현하는 모습을 보여주는 것도 좋습니다.

"오늘 엄마가 미용실에 머리 하러 갔는데, 머리를 예쁘게 해주셔서 참 감사했어", "아침에 엄마가 여러 번 깨우지 않았는데 민수가 스스로 일어나서 감사했어", "오늘 아빠가 회사에서 어려운 일이 있었는데 그걸 이겨낸 아빠 스스로에게 감사해"와 같이 부모님이 먼저 구체적으로 작은 일에도 감사하는 모습을 보여주면 시간이 지날수록 아이는 그 모습을 배웁니다.

"오늘 짝이 연필을 빌려줬는데 감사해요", "오늘 체육을 하는 날인데 날씨가 좋아서 감사해요", "오늘 시험을 쳤는데 열심히 한 나에게 감사해요"라는 말을 점점 할 수 있게 됩니다.

아이의 억울함도 공감해준다

나는 용기란 두려움이 없는 것이 아니라 두려움을 이겨내는 것임을 깨달았다.
용감한 인간은 두려움을 느끼지 않는 사람이 아닌 두려움을 극복하는 사람이다.
– 넬슨 만델라(Nelson Mandela)

미래학자들은 우리 아이들이 살아갈 시대에는 공부 잘해서 좋은 대학을 가고, 좋은 회사를 들어가서 인정받는 능력 이외에도 스스로 마음을 잘 조절하고 다른 사람을 배려하면서 사회성 있게 지낼 수 있는 능력 등이 중요하다고 말합니다. 단순히 인성, 착한 마음 정도가 아니라 '정서 지능'과 같은 용어가 사용됩니다. 그렇다면 이러한 마음의 능력은 어떻게 개발할 수 있을까요? 리더십 있는 마음, 배려하는 마음은 타고나는 것일까요?

많은 학자들이 후천적으로 키울 수 있다고 말합니다. 미국의 심리학자 존 가트맨(John Gottman) 박사는 그 방법으로 '감정코칭'을 제시합니다. 감정코칭의 순서는 다음과 같습니다.

1단계: 아이의 감정 인식하기

부모님이나 선생님이 아이의 감정을 인식하는 단계입니다. 아이가 "엄마, 나 슬퍼요" 또는 "아빠, 저 화가 나요" 하고 아이가 부모님에게 직접 말을 할 때에는 알아차리기가 어렵지 않습니다. 그런데 아이들에게 감정을 말로 표현하기란 쉽지 않은 일입니다. 대부분은 감정을 행동으로 나타냅니다. 슬프면 눈물을 흘리고, 화가 나면 씩씩거리거나 물건을 던지는 경우도 있습니다. 아쉬운 마음이 들면 떼를 쓰기도 하고 기쁠 때에는 소리를 지르기도 합니다.

이렇게 행동을 할 때에는 사실 그 속에 감정이 숨어 있습니다. 그 감정을 찾아주는 것이 첫 번째 단계입니다.

아이가 울 때면 빨리 그치게 하고 싶고, 물건을 던지면 화가 납니다. 그러면 "야, 남자가 돼가지고 그것도 못 참아? 에이, 뭐 그런 일 갖고 울어. 뚝 해. 싸나이는 우는 거 아니야", "지금 장난감을 던져? 다시 주워. 어디서 버릇없게!" 같은 말을 합니다. 이 말들은 아이의 우는 행동, 던지는 행동, 모두 '행동'에 주목한 말입니다. 이렇게 넘어가면 아이는 자신의 감정에 대하여 생각해볼 기회를 한 번 잃어버린 것입니다. 슬플 때 스스로 어떻게 대처해야 하는지도 배울 수 없게 됩니다.

아이의 행동이 일단 먼저 눈에 보이기 때문에 그 속에 숨은 감정을 찾는 것이 잘 안 될 수 있습니다. 그럴 때에는 아이에게 물어보면 됩니다. "지금 기분이 어때?"

2단계: 감정적 순간을 좋은 기회로 삼기

아이가 강한 감정을 보이면 부모님에게도 당연히 여러 가지 생각이 듭니다. '쟤 또 저런다. 이번에는 제대로 버릇을 고쳐놓아야지' 일 수도 있고 '어휴, 오늘은 나도 너무 지친다. 그냥 놔두자' 하고 넘길 수도 있습니다. 또는 '내가 빨리 해결해줘야겠다' 하는 마음도 생깁니다.

아이에게 감정을 조절하는 방법을 가르쳐줄 좋은 기회가 온 것입니다. 감정적인 순간이 오면 '우리 아이에게 감정에 대해 알게 해주고 조절할 수 있게 도와줄 타이밍이 왔네' 이렇게 생각해주세요.

3단계: 아이의 감정을 공감하고 경청하기

아이와 본격적으로 대화를 하는 단계입니다. 《내 아이를 위한 감정코칭》(조벽, 최성애, 존 가트맨 저)에서는 이번 단계에 따라 감정코칭의 성패가 갈린다고 설명합니다.

아이의 이야기를 경청하고 공감할 때에는 긍정적인 감정뿐 아니라 부정적인 감정도 수용해주어야 합니다.

이번 단계는 제가 매일 느끼는 '마법의 대화법'이기도 합니다.

아이들이 친구들과 다투었을 때 격해진 감정이 오래가는 경우가 종종 있습니다. 화도 나고 속상하기도 하고 선생님한테 혼날까봐 억울하고 두렵기도 하고, 여러 가지 감정이 들 것입니다. 제가 어떤 일이 있었는지 묻기만 하여도 격양된 감정 때문에 씩씩거리고 소리를 지르면서 대답하기도 합니다. 친구를 째려보거나 반항하는 어투로 저에게 틱틱댑니다. 그럴 때 "누가 화내래. 화내는 사람은 나쁜 사람이라고 했지?"라고 하거나 "선생님한테 말 예쁘게 안 해?"라고 하지 않고 일단 진지하게 듣습니다. 그 아이의 이야기를 다 듣고 나서 "그런 일이 있었어? 선생님이 너라도 정말 화가 났겠다. 그런 마음이 들 만하네" 하면 소리치면서 말하고 틱틱대던 아이가 "네! 맞아요!" 하거나 격해져 있던 감정이 누그러지는 것이 한눈에 보인 적도 많았습니다.

4단계: 아이가 감정을 표현하도록 도와주기

감정에 이름을 붙여주는 단계입니다.

아이들은 자신이 가진 감정에 대해서 어떻게 반응해야 할지 잘 모르는 경우가 많습니다. 분명 내가 속상한 마음이 드는데, 어떻게 해야 하는 것인지 모르기 때문입니다. 아이들이 속상해서 화를 내면 "왜 대들어! 화내면 어떡해!" 하고 혼나는 경우가 대부분입니다. 한 번도 '화남'이라는 감정이 어떤 마음인지, 이런 감정이 생기면 어떻게 해야 하는지 배운 적도, 생각해본 적도 없으니 그럴 수 있습니다. 그러면 아이들은 친구를 때리거나 그 자리에서 씩씩대고 있습니다. 또는 뒤에서 험담을 해서 친구들 사이를 갈라놓거나 아주 사소한 일도 선생님한테 일러 친구들에게 고자질쟁이라고 놀림을 받기도 합니다.

감정에 이름을 붙여주면 아이는 이 감정이 무엇인지 알게 됩니다. 그리고 어떤 감정을 어떻게 처리해야 할지 생각하고 판단할 수 있습니다. 다음에 비슷한 상황을 겪거나 비슷한 감정을 느끼면 '아, 이런 감정을 느낄 땐 이렇게 하면 됐었지' 하고 대처할 수 있는 능력이 생깁니다.

5단계: 스스로 문제를 해결할 수 있도록 하기

한계 정하기 아이의 이야기를 들으며 공감해주고 4단계에서 '미움'이라는 이름을 붙였다고 가정해봅시다. 그때 미운 마음이 들었다고 해서 '때리는 행동'을 하는 것은 안 된다는 한계를 정합니다.

아이가 원하는 목표 확인하기 문제 상황에서 목표가 무엇인지 묻습니다. '동생이 내 장난감을 부러뜨리지 않는 것', '친구와의 오해를 푸는 것' 등이 될 수 있습니다.

해결책 찾아보기 '어떤 방법이 있을까?' 하고 아이가 스스로 생각하도록 합니다. 만약 아이가 잘 생각하지 못한다면 "엄마 아빠가 한 가지 제안을 해볼까?" 하고 도움을 주어도 좋습니다.

해결책 검토하기 "그렇게 해볼 수 있겠어?", "이 방법이 성공할 수 있을까?" 하고 결정한 방법에 대해 아이가 다시 한 번 고민해볼 수 있는 시간을 가집니다.

아이가 스스로 해결책을 선택하도록 돕기 충분히 고민해본 후 아이가 해결책을 선택하도록 합니다. 만약 아이가 최선의 방안을 선택하지 못한다고 하더라도 직접 시도해서 그 결과를 확인하도록 합니다. 잘되지 않고 실수가 있을 때에는 또 다른 방법을 시도하도록 돕습니다. 이를 통해 아이는 문제를 해결할 수 있는 방법에는 여러 가지가 있다는 것도 배울 수 있게 됩니다.

이해가 어려울 땐 감정부터 파악한다

사람이 사람을 배우는 것은,
눈이나 지능을 통해서가 아니라 가슴을 통해서다.
– 마크 트웨인(Mark Twain)

공감해주는 것이 중요하다는 것은 아는데, 아이와 이야기하다 보면 결코 쉽지가 않습니다. 속 터지는 이야기를 할 때에는 답답하기도 하고 도대체 쓸데없는 소리만 하는 것 같기도 합니다. 아이와 대화하면서 어느 타이밍에 어떻게 공감해주어야 할지 어려운 어른들에게 추천하는 방법입니다.

'감정'을 넣은 대화하기

아이의 일상에 공감을 해주고 싶어서 "학교에서 어땠어?" 물어보면 "그냥 그랬어" 하거나 "아, 오늘 영어 시험 쳤는데 어려웠어" 합니다. 부모님은 난감해집니다. 아이가 먼저 "오늘 친구랑 약간 싸울 뻔해서 슬펐어" 하면 "어우, 우리 아들 슬펐겠구나" 하면서 공감해 줄 수 있겠는데, 참 쉬운 일이 아닙니다.

아이들은 '감정'에 대한 이야기를 잘 안 하는 경우가 많습니다. 사실 안 하는 경우보다 못 하는 경우가 많습니다. 아이들이 감정을 표현하는 것에 익숙하지 않기 때문입니다.

그래서 먼저 감정을 표현하는 것을 낯설어하지 않게 도와주는 것이 좋습니다. 그냥 아이와 밥 먹으면서, 텔레비전 보면서, 부모님이 아이와 대화할 때 평소에 하던 이야기에 '감정'을 끼워 넣어 이야기해주세요.

"엄마가 오늘 회사에서 이런 일이 있었거든? 그때 엄마가 참 얼떨떨한 기분이었어."

"오늘 아빠가 출근할 때 길이 좀 막히더라. 늦을까 봐 초조했어."

"아, 오늘 아침에 우리 형진이가 식탁에 숟가락 놔줄 때 사실 엄마가 기뻤어. 약간 감격스럽기까지 했어."

"그때 마음은 어땠어?"

이렇게 '감정'을 넣은 대화에 아이가 익숙해지면 마음을 표현하는 것을 덜 낯설어합니다. 그렇다 하더라도 한 번에 갑자기 아이 스스로 감정을 쉽게 표현하기는 어렵습니다. 그러면 아이가 "아, 오늘 영어 시험 쳤는데 어려웠어요" 할 때 "그때 마음은 어땠는데?" 하고 물어봐주세요.

"음, 슬펐죠"라고 대답하면 "아, 형진이가 시험이 어려워서 슬펐구나" 하고 공감해줄 수 있는 단계가 됩니다.

그런데 아이에게는 '슬펐다'는 표현을 하는 것도 어색할 수 있습니다. 한 번에 되는 것이 아니라 꾸준한 연습이 필요합니다.

아직 습관처럼 입에 붙지 않았기 때문에 "그때 마음은 어땠어?" 물어봐도 "몰라. 그냥 그랬어요" 할 수도 있습니다.

"몰라, 그냥 그랬어요"라고 대답할 때

학교에서 아이들과 생활하면서 아이들이 감정을 표현하는 특징을 발견했습니다.

긍정적인 감정은 "뭐 그냥 좋았어요" 하거나 정말 좋을 때 "아싸", "대박", "헐!"로 표현합니다. 부정적인 감정은 거의 그냥 '짜증남'으로 표현됩니다.

그럴 만도 합니다. 아이들은 일상생활에서 '감격스러운, 통쾌한, 홀가분한, 만족스러운' 또는 '괘씸한, 고통스러운, 불쾌한, 원망스러운' 등의 단어를 사용할 일이 그리 많지 않습니다.

인터넷에 검색만 해보아도 감정 단어가 종류별로 많이 나옵니다. 또 시중에서 '감정카드'도 판매합니다. 아이가 "몰라, 그냥 그랬어요" 할 때 여러 장의 감정카드 중에서 어떤 마음인지 선택할 수 있게 하면 더 구체적으로 생각해볼 기회가 됩니다.

예를 들면 "아, 오늘 영어 시험 쳤는데 기분이 이상했어요" 하고 마음을 물어보니 모르겠다고 할 때, 감정 카드를 세 장만 선택해보자고 합니다. 아이에게 왜 이 카드를 뽑았는지 물어보면, '시험을 망칠 것 같아서 슬픔, 그래도 끝나서 홀가분함, 시험 공부를 조금 더 할 걸 하고 후회됨'이라고 대답할 수 있는 것입니다.

이때 아이가 감정 단어 자체를 생소해하면 그 카드로 그 감정이 어떤 마음일지, 어떤 상황에 이런 마음이 생길지 부모님과 함께 이야기도 해볼 수 있습니다.

아이들이 감정을 말하는 데 익숙해졌을 때 주의할 점

감정을 넣어서 대화하는 것에 익숙해지고, 감정의 종류를 잘 알게 되어 아이가 스스로 마음을 잘 표현할 수 있다고 하더라도 중요한 것이 있습니다.

바로 '훈계하고 싶은 마음은 일단 누르기'입니다.

아이가 먼저 "오늘 나 수업 시간에 선생님한테 혼났어요. 그래서 너무 창피했어요"라고 말을 한다고 가정해봅시다. 이렇게 말을 한다는 것은 아주 좋은 신호입니다. 일단 부모님에게 자신의 이야기를 솔직하게 할 수 있다는 점, 그리고 자기감정을 인식할 수 있는 아이라는 점이 무척 훌륭합니다.

그런데 이때 "그래, 수업 시간에는 집중해야지. 딴생각하니까 선생님이 혼내시지" 하고 싶은 마음이 생겨도 일단 꾹 참고 '오! 이때가 바로 공감의 타이밍이다' 하고 생각해주세요. 부모님의 입장에서는 잘 가르치고 싶어서 한 말이지만 아이의 입장에서는 '솔직히 말해봤자 혼만 난다'고 생각할 수도 있습니다. 실제로 5학년 아이가 "우리 엄마는 뭐라고 할 거면서 학교에서 어땠는지는 왜 맨날 물어보는 걸까요?"라고 말한 적도 있습니다.

"아이고, 그랬어? 선생님한테 수업 시간에 혼나서 진짜 창피했겠다. 엄마 같아도 그랬겠다" 하고 충분히 공감해주고 난 다음에 "집중이 안 되는 이유가 있었어?" 하고 물어보면 친구랑 쉬는 시간에 무슨 일이 있었는지, 그냥 잠깐 다른 생각이 들었는지, 살짝 배가 아파서 참느라고 그랬는지, 진짜 이유를 들을 수 있습니다.

수업 시간에 집중을 못 한 것이 사실은 교우 관계 문제일 수도 건강의 문제일 수도, 또 다른 문제일 수도 있습니다. 그러니 "수업 시간에 집중해야지"로 해결되는 것이 아니라 우리 아이에게 진짜 필요한 해결책은 따로 있습니다. 훈계와 가르침은 잠깐 미뤄두고 먼저 충분히 공감해주어야 아이의 진짜 마음과 진짜 이유를 알 수 있습니다.

작은 것부터 아이 스스로 결정하도록 유도한다

자신의 가치를 실제보다 크게 평가하는 사람은 거만하고,
자신의 가치를 실제보다 작게 생각하는 사람은 비굴하다.
– 아리스토텔레스(Aristoteles)

친구들보다 행동이 느린 아이가 있습니다. 5학년이나 되었는데 밥 먹는 데도 한 나절이나 걸리고 아침에 등교 준비를 할 때도 듣는 둥 마는 둥, 엄마 속이 열 번은 뒤집어집니다. 학교나 학원에서도 친구들보다 문제를 푸는 속도가 느려서 나머지 공부를 하고 오는 날이 많습니다. 시험 시간에도 집중하라고 그렇게 당부를 하는데 뒷부분의 여섯 문제는 시간이 없어서 손도 못 대고 틀려서 가져옵니다.

저학년 때에는 또래보다 조금 느릴 뿐이고 우유부단한 것도 커지면 나아질 줄 알았는데, 고학년 때도 나아지지 않으니 중학교에 가면 적응을 못 할 것 같아서 부모님 마음은 불안해집니다. 웬만큼 해야 하는 일은 곧잘 해서 남자아이치고는 키우기 수월한 편이라고

생각했는데 그렇지도 않습니다.

아이가 방과 후 교실에서 친구들과 이야기를 합니다. 친구가 묻습니다. "야, 너는 엄마가 그러면 안 귀찮냐? 나 같으면 한 번은 싫다고 말한다!" 그랬더니 이 아이, 무심하게 한마디 합니다.

"엄마가 시키는 거 해서 잘못되면 내 책임 아니잖아."

약간 놀라고 있을 때, 친구가 한 번 더 물어봅니다. "너 그러면 진짜 너무 학원 가기 싫을 때 어떻게 해? 가기 싫다고 말해도 너네 엄마 안 된다 할 것 같은데?" 했더니 "이거 내가 쓰는 방법인데, 머리카락을 한 20개나 40개 뽑으면 엄청 아파. 피 날 때도 있고. 그러면 아프다고 하면 돼."

이 아이는 혼나고 잔소리를 듣는 것이 싫다는 이유로 선택의 기로에서 스스로의 힘을 포기한 것입니다. 물론 우리 어른들은 아이가 더 좋은 방법을 터득해서 잘해내길 바라는 마음에 "아니 그렇게 하면 안 되지. 이렇게 해야지" 하면서 부모님이 대신 선택하고 그 방법대로 하기를 바랍니다. 아이의 행동을 엄격하게 통제하는 경우도 그렇고 과잉보호하는 경우도 마찬가지입니다. 겉으로 보기에 두 부모님의 유형은 반대이지만 아이의 유형은 비슷할 수 있습니다.

과잉보호하여 부모님이 대신 해주거나, 엄격하게 행동을 야단치게 되면 아이는 생각해볼 기회조차 없어집니다. 시간이 지나도 어차피 부모님 방법대로 따라야 하니 나중에는 시도조차 하지 않게 되고 성장이 더뎌지게 됩니다.

어릴 때부터 다른 사람이 대신 해주고, 대신 정해주는 일에 익숙해진 아이들은 그다음 과정 또한 당연히 혼자 하지 못합니다. 자랄수록 친구 관계도 더 복잡해지고 공부도 더 어려워지고 혼자 해야 할 일들이 늘어나니 힘들어질 수밖에 없습니다. 학교에서 보면 혼자서 무언가를 해본 경험이 적으니 실패할까 봐 굉장히 두려워합니다. 나름의 방법을 만들어 아주 천천히 하거나 울어버리거나, 뭐든지 대충 하고 마는 것으로 일을 마무리하게 됩니다.

선택권 넘기기

아이가 스스로 결정하는 것을 잘 못 하거나 합리적인 결정을 하기 힘들어할 때에는 예시를 제공해주면 좋습니다. 아주 사소한 일부터 시작해서 무슨 옷을 입을지도 아이가 결정하도록 할 수 있습니다. 약간 계절에 맞지 않거나 색의 조합이 이상해 보이는 옷을 골라도 "그 옷 오늘 추울 것 같은데?" 하고 조언은 해줍니다.

"너 오늘 학습지 안 해?" 대신 "몇 시부터 학습지 시작할 거야?"라고 물어봅니다. 아이가 10시를 선택했는데 "10시? 안 돼. 그때 해서 언제 영어에 수학까지 다 해. 8시에 미리 하고 놀아"라고 하기보다는 "9시에 친구들이랑 게임하기로 했으면, 8시부터 공부해서 끝내고 하면 마음 편하게 할 수 있을 것 같은데. 네 생각은 어때?"라고 말하는 것이 좋습니다.

만약 그래도 10시에 하겠다고 끝까지 이야기하면, 진짜로 10시에 시작해서 다 끝낼 때까지 기다려주기도 하는 것이 필요합니다. '내 선택과 결정으로 이런 결과가 나오는구나' 하는 것을 알고 그런 시간이 쌓이면 아이도 점점 신중하게 선택하기 시작합니다. 스스로 선택한 시간에 대해 책임을 질 수 있는 아이가 되는 것이지요.

손이 나갈 것 같더라도, 입을 열어 한마디 하고 싶어도 일단 꾹 참고 지켜봐주세요.

만약 어떻게든 도움을 주고 싶을 때에는 "도움이 필요하면 아빠한테 이야기해. 아빠가 도와줄게" 하고 말해주세요. 그러고 나서도 아이가 정말로 도움을 요청할 때까지 일단 기다려주는 것이 중요합니다. 한 번에 갑자기 잘할 수 없고 처음일수록 긴 시간이 필요합니다. 어른들이 꾹 참고 인내하여 지켜보다가도 결국 보다 못해 아이가 실패하기 직전에 도와주려고 할 때도 있습니다. 그래도 아주 조금 더 참고 시행착오를 함께 겪어보는 것이 아이의 발전에는 훨씬 큰 도움이 된다는 것을 꼭 기억해주세요.

예를 들어 아이가 젠가 놀이를 할 때, 나무 막대를 하나씩 빼다 보면 '이 정도 균형을 잃으면 이 탑이 쏟아지는구나' 하고 알게 됩니다. 쏟아지기 전에 부모님이 "그거 빼면 무너지니까 다른 거, 이거 빼!" 하고 기회를 차단해주면 이 아이는 언제 블록이 무너지는지 계속 알지 못하게 됩니다.

아이가 적절한 방법을 선택하고 스스로 하기까지는 긴 시간이 걸릴 수 있습니다. 부모님이나 선생님이 직접 알려주면 바로 할 수 있었던 것이, 두 시간이고 세 시간이고 해결되지 않을 수도 있습니다. 하지만 이 방식이 익숙해질 때 비로소 아이의 자율성이 길러집니다. 결과에 대하여 책임을 져야 하는 것을 스스로 알게 되니, 더 나은 선택을 하려는 노력도 합니다. 점점 더 어른들이 잔소리를 할 일이 사라지고 생활도 공부도 스스로 열심히 하는 아이가 될 수 있습니다.

제대로 거절하는 방법을 가르친다

자기 자신을 위해 살아라. 타인의 비위를 맞추기 위해 자신의 내면이 아닌,
바깥을 내다본다면 그것은 자신의 인생 계획을 상실한 것이다.
– 에픽테토스(Epictetos)

어른들은 내 아이가 사회성이 좋은 아이로 자랐으면 좋겠다는 마음에 '모두와 사이좋게 놀아야 한다'고 이야기합니다. 그런데 아이들 입장에서 생각해보면 그건 쉬운 일이 아닙니다. 아이들도 성향에 따라 더 맞는 것 같은 친구가 있고, 같은 반 친구 25명 중 더 같이 놀고 싶은 친구가 있기도 합니다. 친구들과 같이 놀다가도 다른 친구가 놀자고 하면 함께 놀던 무리를 두고 또 다른 친구와 함께할지, 아니면 새로운 친구 한 명보다는 기존의 내 무리를 지킬 것인지 선택해야 하기도 합니다.

아이들이 가장 걱정하는 문제 중 하나이며 또한 학부모님의 고민거리인 왕따, 은따는 큰 사건 때문이라기보다 작고 사소한 일에

서 시작되는 경우를 더 많이 봅니다. 요즘은 학교 폭력에 대한 교육이 잘 이루어지는 편이기 때문에 아이들이 어른들보다 따돌림을 더 잘 인식합니다. 고학년뿐 아니라 2학년이나 3학년 아이들에게 따돌림의 경험이 있는지 물어보면 적지 않은 아이들이 손을 들고 '유치원 때 친구들이 나랑 안 놀아준 것', '1학년 때 가장 친했던 친구들이 3일 동안 나와 말을 하지 않은 것'에 대한 이야기를 하기도 합니다.

고학년이든 저학년이든 편을 갈라서 놀고 따돌리는 이유를 물어보면, 사춘기가 시작되는 여자아이들은 '지난주에 나랑 화장실 같이 가기로 했는데 다른 친구와 웃으면서 다른 곳으로 가서', '놀 때 계속 짜증 내면서 말해서'와 같은 이유를 말하기도 합니다. 예민한 사춘기 여자아이들의 경우, "뭐야, 걔 우리랑 화장실 안 오고 수민이랑 계속 노는 거 봤어?" 하고 한 명이 말을 꺼내면 "맞아, 걔 저번에도 말 저런 식으로 하더라?", "야, 우리 걔 빼고 놀자"의 흐름이 생겨 무리에서 도태되는 경우도 있습니다. 또 '말투가 재수 없어서', '자기 마음대로 행동하고 말해서', '4학년 때 나한테 싸가지 없게 말했던 애라서'와 같은 이유로 따돌림이 시작되는 경우도 있습니다. 굳이 이유를 한마디로 정리해보자면 '말'이 씨가 되어 생기는 경우들입니다.

서로 마음이 맞아 함께 노는 것이 좋고 재미있을 때에는 걱정할 것이 없습니다. 그런데 아무리 친한 친구라고 하더라도 하루의 대부분을 함께 지내다 보면 나와 생각이 다른 일들이 생기는데, 하물며 여러 명은 어떠할까요? 25명의 다른 친구들과 한 교실에서 지내야 하니 싫음을 표현하거나 생각이 다르다는 것을 표현해야 할 일들이 아주 작은 일부터 꽤 생깁니다.

예를 들면 이런 경우가 있습니다. 수업 시간에 선생님이 모둠을 정하여 조사하는 숙제를 내줍니다. 민주는 짝과 함께 하기로 하고 쉬는 시간이 되었습니다. 그때 민주와 친한 무리가 다가옵니다. "민주야, 나랑 같은 모둠 할래?" 하면 "아니, 나 짝이랑 같이 하기로 했어"라고 대답합니다. 다른 친구들이 '아, 민주는 먼저 같이 하기로 한 친구가 있구나. 다음에 같이 하면 되지' 하고 생각해주면 참 좋은데, 그렇지 않은 경우도 있습니다. 가장 친한 친구라고 생각한 민주가 같은 모둠을 안 한다고 하니 배신감이 느껴지기도 하고 섭섭합니다.

남자아이들의 경우 "오늘 점심시간 축구 팀전(팀을 나누어 하는 것), 콜?"이라고 할 때 "아니, 난 오늘 팀을 나누어 하고 싶지는 않아"라고 설명하기 힘들 수 있습니다. 그 말을 줄여 "싫어"라고 합니다. 이런 경우 말다툼이 시작되거나 심해지면 주먹이 나가기도 합니다.

저학년이라면 교사에게 많이 이릅니다. "선생님! 제가 수향이랑 같이 놀자고 했는데, 쟤가 저랑 놀기 싫대요." 수향이는 다른 친구와 하던 놀이나 대화를 마무리하려던 것뿐인데 학교에서 '친구랑 놀기 싫다고 말한' 나쁜 친구가 되기도 합니다.

친구 관계뿐 아니라 어른들과의 관계도 마찬가지입니다. 아이들에게 부모님, 학교 선생님, 학원 선생님은 인정받고 싶고 칭찬받고 싶은 사람들입니다. 우리 아이들이 더 발전하기를 바라는 마음에서 선생님이나 부모님이 무언가를 권유합니다. "내일 단원평가니까, 오늘은 학습지 두 장 더 할까?"라는 말을 했을 때 마침 우리 아이가 유난히 컨디션이 좋지 않은 날일 수도 있습니다. 아이가 '내일이 평가라서 오늘 공부를 더 많이 해야 한다고 생각은 하지만, 몸이 조금 아픈 것 같아서 오늘은 하고 싶지 않다는 것'을 잘 표현하면 좋겠지만 아이들에게 이를 표현하는 것은 쉬운 일이 아닙니다. 엄마나 선생님이 시키니 억지로 꾸역꾸역 하거나, 하기 싫다고 반항을 시작하거나 아니면 마지못해 대충 합니다. 그러면 어른들은 "왜 대충 하냐"라고 꾸짖기도 하고 "엄마한테 버릇없이 대들면 안 돼" 하고 꾸중을 하기도 합니다.

친구들에게 하기 싫은 것을 권유받는 경우도 있습니다. 대표적인 예를 들면 남자아이들의 PC방 가는 문제, 여자아이들은 화장하는 문제 등입니다. 부모님들의 골칫거리이자 몇 아이들의 고민이기도 합니다. PC방에 가고 싶지 않고, 화장을 하고 싶지 않은 성향의 아이들도 있습니다. 설문조사를 통해 아이들에게 물어보니 '친구들 사이에서 혼자 찐따나 범생이같이 보일까 봐', '거절했다가 뒤에서 친구들이 내 욕 할까 봐', '같이 안 하면 친구들이 안 끼워줄까 봐' 걱정하고 있었습니다. 친구 관계가 매우 중요한 이 나이 아이들에게는 고민이 될 만한 문제입니다.

부드럽게 거절하는 방법 알려주기

싫음이나 생각이 다름을 잘 표현하는 것은 우리 아이들에게 정말 중요합니다. 그러니 거절을 잘할 수 있는 방법을 알려주는 것이 필요합니다. 6학년인 유빈이는 친구들이 유난히 뭐든 함께하고 싶어 하는 아이입니다. 몇 년을 보았지만 친구들이랑 크게 싸우거나 말다툼을 한 적이 한 번도 없습니다. 회장 선거를 하면 가장 많은 추천이 나오는 아이였고, 친구들에게 휩쓸리지 않고 자기 생각에 따라 소신 있게 행동하면서도 다른 친구들이 존중받는 느낌을 들게 해줍니다. 유빈이의 가장 큰 특징은 친구와 생각이 다른 것을 표현하는 데 나름의 방식이 있다는 것이었습니다. 처음 유빈이가 그 말을 하는 것을 보았을 때 깜짝 놀랐습니다. 고학년 남자아이가 저렇게 부드럽게 거절할 줄 알다니, 제 귀를 의심했습니다.

유빈이는 거절할 생황이 생기면 "괜찮아~"라고 말을 하는 것이었습니다. "유빈아, 이거 같이 할래?"라고 하면 "싫어"라고 말해야 하는 상황일 때 "아, 아니야, 난 괜찮아~"라고 말합니다. 거절당한 친구들이 전혀 기분 상할 일이 없습니다. 친구들은 유빈이랑 이야기할 때 부딪치거나 기분 나쁜 상황이 없으니 오히려 더 유빈이와 잘 지내고 싶어 합니다.

첫 번째, 유빈이처럼 "괜찮아~" 하고 거절하는 게 아니더라도 아이의 성향이나 평소 이투에 적합한 거절 방법을 함께 찾아보고 연습하는 것이 필요합니다. 부모님이 "친구한테 지금 안 하고 싶으니까 다음에 같이 하자고 이야기해" 하고 답을 제시해주기보다는 아이 스스로 "아, 나 지금 다른 거 하고 있어서, 다음에 꼭 같이 해!"라고 말하는 것에 익숙해지도록 연습해보아야 합니다.

두 번째, 아이가 고민하는 상황으로 연습해보는 것이 필요합니다. 거절하는 문장이 모든 상황에 적합한 것은 아니고, 또 막상 그런 상황이 오면 아무리 집에서 연습했다고 하더라도 말문이 막힐 때가 있습니다. 그러니 "네가 짝이랑 이야기하는 중에 친구들이 갑자기 화장실에 같이 가자고 했어. 너 뭐라고 해볼래?"와 같이 아이가 자주 부딪히는 상황에 대해서 물어보고, 함께 연습을 해보는 것이 필요합니다.

세 번째, 아이가 좋은 방식으로 거절할 때 부모님이 한 번쯤은 수용해주는 것이 좋습니다. 즉, 자신의 생각을 표현할 수 있는 분위기를 만들어주는 것이 필요한 것입니다. 거절하는 방법을 아무리 연습하고 익숙해져도 받아들여진 경험이 없으면 잘 먹히지 않는다는 생각이 들 수 있고, 그렇다면 연습한 것이 소용이 없습니다. '아, 이렇게 거절하니까 통하는구나' 하고 알 수 있도록 가정에서 도와주면 좋습니다.

부모가 먼저 아이에게 사과한다

그들이 당신을 뭐라고 부르는지는 중요하지 않다.
문제는 당신이 그들에게 뭐라고 대답하는가다.
– W. C. 필즈(W. C. Fields)

어른도 실수를 하는데 아이들은 오죽할까요. 아직 자라는 과정이니 실수를 더 많이 합니다. '우리 아이는 착하고 남한테 피해 주지 못하는 성격이라 남에게 실수 안 하는데?'라고 생각할 수도 있습니다. 물론 의도적으로 피해를 주지는 않겠지만, 좁은 교실이나 한정된 공간에서 다양한 활동을 하다 보면 의도와 달리 다른 친구에게 실수를 하기도 합니다. 교실에서 신나게 놀고 이야기하면서 지나가다가 앉아 있던 친구를 보지 못하여 친구 등을 치게 될 수도 있고, 실수로 친구 책상 위에 열린 채 놓여 있던 우유를 쳐서 엎지르는 경우도 있습니다.

가만히 지켜보면 아이들의 대처 방식은 정말 다양합니다. 어떤 아이는 곧바로 사과를 하고 쏟아진 우유를 닦아줍니다. 그러면 책상이 더러워진 아이도 '괜찮다'며 넘어갑니다. 그러고는 친구들과 더 좋은 시간을 보냅니다. 또 쏟아진 우유를 보면서 우물쭈물하며 가만히 있는 아이도 있고, 가만히 앉아 있던 친구에게 왜 여기 놔두느냐며 더 화를 내는 아이도 있습니다. 속상해하는 친구에게 뭐 이런 일로 그렇게까지 하느냐는 반응을 보이기도 합니다. 시작은 별것 아닌 일이었는데 괜히 선생님께 꾸중을 듣게 됩니다.

우리 아이가 실수를 하고 나서 친구들과 싸우거나 혼나게 될 수도 있고 친구들과 더 잘 지낼 수도 있습니다. 겉으로 보이는 모습은 너무 다르지만 불러서 이야기를 해보면 한 가지는 명확하게 알 수 있습니다. 아이들이 좋지 않은 의도를 가지고 다른 행동을 하는 것은 아니라는 것입니다. 대처할 수 있는 방법이나 대처해야 하는 이유를 잘 모르기 때문에 이렇게 다른 결과가 생기고, 다른 친구들이나 주변 사람들이 보는 우리 아이 이미지가 굳어집니다.

우리 아이들에게 알려줄 것은 순간적인 실수를 인정하고 사과하는 것입니다. 그렇게 다시 관계를 이어갈 수 있게 도와주어야 합니다.

실수를 인정할 수 있도록 하기

특히 저학년끼리 사과할 일이 있을 때 종종 일어나는 일입니다. 중간 놀이 시간 중 도진이가 체스 게임에 익숙하지 않은 아이와 같은 편이 되었습니다. 도진이의 마음이 불편했나 봅니다. 게임을 하다가 점점 불리해지니 같은 편이었던 친구에게 게임에서 빠지라고 소리를 지릅니다. 친구가 주눅이 들어 자리로 돌아가도 본 척도 하지 않고 신나게 게임을 합니다. 도진이를 불러 이야기를 해보면 '내가 먼저 잘못한 것이 아니고 쟤가 체스를 먼저 못했기 때문에 나는 절대 사과할 수 없다'고 우깁니다.

도진이와 긴 대화를 나눈 끝에 사과를 하기로 결정합니다. 속상해하며 자리에 앉아 있는 친구에게 인상을 팍 구기고 "미안" 하고 끝냅니다.

도진이와 같은 경우 사과를 하면 '다 내가 잘못한 것'이 될 것 같아 두려울 수 있습니다. 실수했지만 잘못을 인정하고 싶지는 않아 눈치만 보고, 불안한 마음이 커집니다. "아, 나만 잘못한 거 아니라고요! 쟤가 체스를 못한 것도 잘못이라고요!"라고 말하기도 합니다.

그렇기 때문에 아이들에게 '무조건 네가 잘못했을 때 사과해라'가 아니라 내 상황과 사과를 결부시킬 수 있도록 가르쳐주는 것이 좋습니다. '사과란 무조건 잘못한 사람이 해야 하는 것', '사과하는 사람은 다 잘못해서 혼나야 하는 것'으로 이해하고 있는 아이는 사과하는 순간 스스로 '특별한 이유 없이 친구에게 욕을 하고 소리 지른(다 잘못한) 아이가 되는 것처럼' 느낄 수 있기 때문입니다.

그러므로 왜 사과를 하는지 아이에게 이야기를 해주어야 합니다. 사과는 잘잘못을 따지고 혼날 사람이나 책임질 사람을 선택하려는 것이 아니라, 다시 친구와의 관계를 좋게 만들 수 있는 방법이라는 것을 이야기해주는 것이 가장 중요합니다.

아이의 상황을 설명할 수 있도록 하기

상황 설명과 사과를 함께 할 수 있도록 알려주는 것이 필요합니다. "너무 이기고 싶어서 순간 화가 났어. 미안해" 하고 이야기할 수 있도록 말입니다. 그러면 사과하는 도진이도 스스로 전부 잘못했다는 부정적인 감정을 갖지 않을 수 있습니다. 잘못 행동하거나 실수한 것은 깔끔하게 인정하고 더 빨리 대처하면 마음이 한결 가벼워진다는 것도 배울 수 있습니다.

친구 책상 위에 놓여 있던 우유를 엎질렀을 때, "일부러 한 건 아닌데 지나가다 우유를 엎질렀어, 미안해"라고 말하는 것과 "아니, 왜 이걸 여기 둬서……"라고 말하는 마음 중 어떤 말을 할 때 아이 마음이 더 편안할까요?

사과하는 방법을 잘 모르거나 사과하기가 두렵다는 이유로 사과를 피하는 것은 좋지 않습니다. 사과를 할 수 있게 되면 아이 스스로 감정을 다스릴 수 있을뿐더러 친구와 다시 관계가 좋아집니다. 또 친구들에게 좋지 않은 이미지로 각인되거나 선생님이나 부모님에게 더 혼나게 되는 상황을 방지할 수도 있습니다. 내 아이가 친구들에게 어떤 행동을 하는지 확인해보기 어렵다면 평소 형제, 자매들과의 상황에서 어떻게 행동하는지 보아도 알 수 있습니다.

집에서 사과하는 연습 하기

아이가 누나를 속상하게 하고도 사과를 하지 않고 버티면, 결국 엄마나 아빠가 누나를 설득하여 넘어가는 경우가 있습니다. 그런데 이런 경우가 대부분이거나 실수에 대하여 사과할 기회 없이 혼나는 것으로 마무리된다면 아이는 사과하는 것이 점점 더 어색하게 느껴질 수 있습니다. 누나 눈치를 살피다가 부모님이 해결해주기를 바라는 모습이 학교에서도 그대로 나타납니다. 친구들에게 실수를 하면 눈치만 보고 있습니다. 하지만 학교에는 대신 해결해주는 부모님이 계시지 않습니다. 그렇기 때문에 가정에서 꼭 아이 스스로 사과할 기회를 만들어주어야 합니다.

부모님이 '잘' 사과하기

생각보다 사과에 익숙하지 않은 아이들이 많습니다. 진지하게 사과해본 경험이 거의 없는 아이에게 갑자기 "자, 사과해!" 하면 낯설어하거나 쑥스러워합니다. 매번 아이에게 진지하게 사과하는 것은 쉽지 않은 일이겠지만, 이 시기에는 부모님이 좋은 본보기를 집중적으로 보여주는 것이 꼭 필요합니다.

"아! 맞다, 아빠가 깜빡했네. 야, 넌 남자애가 뭐 그런 거 갖고 삐치냐?", "엄마 아빠가 바쁘면 너 데리러 가는 거 좀 늦을 수도 있지" 하고 얼렁뚱땅 넘기기보다는 아이가 사과에 익숙해질 때까지는 더욱 신경 써서 사과해주세요.

"아빠가 일하다가 잊어버렸네. 미안해. 오늘은 꼭 지킬 테니 30분만 기다려줄 수 있어?", "엄마가 착각해서 네가 5시에 마치는 줄 알았어. 미안해. 지금 가고 있는 중이야"라고 말입니다.

부모의 작은 변화만으로도 아이의 인생은 변하기 시작한다

요즘 어머니들이 아이들을 잘 키우기 위해서 노력하는 모습을 보면 정말 아무나 하는 일이 아니라는 생각이 듭니다. 주위에는 이 나이 때 반드시 해야 한다고 말하는 정보도 참 많습니다. 서점에 가보면 아이를 키울 때 꼭 읽어봐야 한다는 책이 수천 권은 됩니다. 일단 한글을 시작하면 영어는 기본으로 다들 시키고, 우리 아이가 학교 미술 시간이나 체육 시간에 스트레스를 덜 받게 하려면 예체능 한두 개는 꼭 시켜야 한다는 이야기도 들립니다. 또 수능이나 내신 점수를 잘 받아 좋은 대학에 들어가게 하려면 독서, 논술, 창의성 교육을 빼놓으면 안 된다는 기사도 쏟아지지요. 사회 자체가 빠르게 바

꿔면서 미래 산업으로 IT 분야가 각광받고 있으니 코딩과 같은 컴퓨터 교육도 고민이 됩니다. 아이를 위해 고민하고, 절망하고, 그다음 날에는 희망을 품으며 하루하루를 보냅니다.

부모님들은 소중한 자녀를 위해서 이렇게 노력하는데, 아이들은 학교에서 엄마 아빠에게 온전히 사랑받는 것 같지 않다고 말하곤 합니다. 듣기 싫은 소리를 하는 사람, 억지로 공부를 시키는 사람, 기대에 부응해야만 하는 사람, 내 말은 안 들어주는 사람, 뭘 잘못하면 혼내기만 하는 사람, 하고 싶은 건 못 하게 하는 잔소리꾼이라고 합니다.

물론 저는 부모님의 마음을 이해합니다. 우리 아이가 행여나 뒤처지지 않을까, 공부를 잘해야 나중에 사회에서 인정받고 살 텐데, 왜 이렇게 내가 낳은 '내 아이'가 내 생각대로 되지 않을까, 마음은 점점 더 조급해져만 가지요.

그런데 부모님과 사회가 시키는 것들을 차근히 해나간 저는 20대 중반부터 참 많이 힘들었습니다. 사회가 해야 한다고 말하는 것만을 위해 열심히 노력했는데, 대학을 졸업하고 교사가 된 그 순간 모든 것이 와르르 무너지는 기분이었습니다. 내가 진짜 하고 싶은 것에 대한 고민, 그동안 놓쳤던 다른 사람들과의 관계, 심지어 내 삶을 내가 어떻게 대해야 하는지조차도 모르고 있었던 것입니다.

이는 비단 저만의 문제가 아닙니다. 사회에서 마련한 기준에 따라 열심히 달려왔는데도 삶의 다른 부분들은 고민할 겨를조차 없이 취업을 준비하는 젊은이들이 우리나라에 지금 70만 명이나 됩니다. 심지어 우리 아이들이 어른이 될 미래 사회는 어떤 모습일지 예측조차 할 수 없습니다. 너무도 빠른 사회 변화 탓에 취업 문은 갈수록 좁아져가고, 지금은 건실한 회사들도 나중에 어떻게 될지 알 수 없지요. 어떤 직업이 좋은 직업군이 될지조차 정확히 모르니 어머니들이 불안해하며 아이들을 다그치는 것은 어쩌면 당연한 일일지도 모릅니다.

그런데 이런 상황에서도 주위를 둘러보면 삶을 행복하게 살아가는 사람들이 있습니다. 사회에서 인정받는 직업을 가질 뿐 아니라 기성세대는 들어보지 못한 독특한 직업을 가지기도 하며, 자신의 삶을 치열하게 살아가는 사람들이 있지요.

어른 중에만 그런 사람이 있을까요? 아닙니다. 학교에서 보면 매 순간을 대하는 태도가 남다른 아이들이 있습니다. 그런 아이들은 당연히 친구들과 관계도 아주 좋습니다. 친구들이 따르니 저절로 리더의 자리에 있고, 어머니나 선생님이 억지로 시키지 않아도 스스로 공부합니다. 심지어는 자신의 행동을 한 발짝 떨어져서 볼 줄도 압니다. 저학년 때까지는 크게 다르지 않았는데, 또 학교 밖에서 개개인으로 보면 큰 차이가 없어 보이는데 어떻게 이토록 눈에 띄게 다르게 성장해나가는 것일까요?

이런 아이들은 타고나는 것일까요? 비결이 무엇일까요? 내 아이를 위해서 해줄 수 있는 것은 없을까요?

비싼 과외를 시키고 학원을 보내는 것이 능사가 아닙니다. 가까이서 가만히 아이들을 살펴보면 큰 차이가 있는 것이 아니었습니다. 엄마의 애정 어린 말투, 아빠와 함께하는 시간에서 아이들은 더 성장합니다.

학교 잘 다니고 공부 잘하고 부모님 말씀 잘 듣는 아이로 키우기보다는, 아이가 다른 사람들과 함께하며 순간순간 자신의 삶을 마주할 수 있게 도와주는 것이 부모님과 선생님의 역할이라는 생각을 합니다. 부모님의 작은 변화가 우리 아이를 달라지게 할 것입니다. 조금 부끄럽고 어색해도 나의 작은 노력이 결국 아이를 달라지게 하고 아이의 밝은 미래를 만든다고 생각하세요. 이 책장을 덮고도 아이의 마음에 귀 기울인다면 수저의 색보다 더 값비싼, '자존감'이라는 자산을 아이에게 줄 수 있을 것입니다.

북큐레이션 • 아이를 똑똑하고 단단하게 키우고 싶은 엄마와 아빠가
《우리 아이 30일 자존감 노트》와 함께 읽으면 좋은 책

미술을 통해 아이의 창의력을 깨우고, 모든 문제의 답을 가진 아이를 존중하며, 부모가 스스로 감정 조절하는 법을 알고, 자녀와 함께 생각을 나누는 토론법을 터득하면, 아이와 부모 모두 행복해집니다.

여섯 살 미술 공부를 시작할 나이

이유미 지음 | 13,800원

남해의 작은 마을에서 원아 2명으로 시작한 미술교육원이 어떻게 300명 규모로 성장할 수 있었을까?

아이들이 표현하고자 하는 생각을 누구의 눈치도 보지 않고 자유롭게 그리게 하는 것이 미술교육의 시작이다. 머릿속 생각을 자유롭게 또 즐겁게 표현해야만 '할 수 있다'는 성취감을 느낄 수 있고, 이것이 바탕이 될 때 아이는 다양한 가능성을 지닌 사람으로 자라나기 때문이다. 이 책은 미술교육을 일회성이 아닌 표현력 · 어휘력 · 기획력 · 창의력을 기르는 훌륭한 도구로 활용하는 방법과 이를 통해 아이들이 주도적으로 행복한 삶을 이끌어가도록 소통하는 방법을 부모에게 알려준다.

기적의 토론학습법

이정숙, 이해숙, 원정연 지음 | 13,800원

아이비리그 재학생의 유년기 공부법, '유대인 전통 교육'에서 찾은 토론학습이 내 아이의 인생을 바꾼다!

다년간 독서지도, 토론 코칭을 진행해온 저자가 제안하는 '기적의 토론학습법'! 자녀 스스로 공부하는 습관을 기르길 바라는 학부모를 위해 자녀에게 동기를 부여하고 학습 기초체력을 기르도록 도와주는 토론학습법을 제시하는 책이다. 교과학습과 연계시키는 교과토론, 매일 엄마와 자연스럽게 이야기하며 지식을 얻는 식탁토론, 매체와 이슈를 중심으로 하는 시사토론 등 다양한 토론학습의 효과와 이를 진행하는 노하우를 소개한다. 또한 가정에서 실제로 토론학습을 할 수 있도록 현장에서 사용하는 워크북도 별도 첨부되어 있다.